Psychology
The Comic Book Introduction

漫畫 **心理學**

暢銷新裝版

心智如何探索複雜環境，又怎麼愚弄我們？

Danny Oppenheimer, Ph.D.
&
Grady Klein

丹尼‧歐本海默、格萊迪‧克萊恩
——著——

朱怡康
——譯——

獻給安妮（Anne）、連恩（Liam）與班傑明（Benjamin）
　　　　　　　　——格萊迪・克萊恩

獻給我的學生，是他們教我怎麼教心理學。
　　　　　　——丹尼・歐本海默

目　錄

**導論
這是任
*@$&?……**
1

心理學是什麼？心理學是心智、大腦與行為的科學，與所有人類經驗都有關，本書以嚴謹的實驗研究為基礎，爬梳我們怎麼理解世界、探索自己與了解彼此，其實要談的就是：我們怎麼生活。

Part 1　了解世界　11

**第1章
感知與
注意力**
13

人們透過感官從世界接收資訊，然而，雖然常常覺得可以信任感官，但它們未必可靠。這是因為我們認為自己所感知的，其實從來就不是實際狀態。事實上，那是很多心理過程產出的結果，你察覺到的事，其實是自己詮釋過的樣子……

**第2章
學習**
29

為了更了解世界，我們使出由上而下絕技，整合「先前知識」以弄懂事情。但「先前知識」是怎麼得到的呢？透過學習！

我們不斷在學習，不只在不得不之時，日常生活也一直在學。本章會細看三種學習型態：1.古典制約、2.操作制約、3.社會學習。並提及著名的「巴夫洛夫制約實驗」、「史金納箱實驗」，以及艾伯特・班杜拉的經典研究「波波娃實驗」。

**第3章
記憶**
47

這章要談的是兩種基本記憶類型：1.工作記憶（又稱短期記憶）、2.長期記憶；以及想法與概念怎麼在兩者之間來去。另也會提及阿蘭・巴德利的訊息處理理論。

**第4章
思考**
63

世上到處都是未曾遇過的事，然而，我們也需要了解它們。這章來談談如何思考未曾經驗過的事。然而，人們的心理能力是有限的，為了讓心理運作發揮最大功能，必須不斷試著節省心理資源，讓我們一起來看看：「範疇化」、「捷思法」、「假設檢驗」，以及「展望理論」。

Part 2　了解自己 79

**第5章
後設認知**
81

我們不只會思考，也思考「思考」這件事，可是，人們有多善於思考「思考」呢？後設認知、後設知識、後設記憶……，這一章要討論的就是我們的自我評估，並探究這些評估可不可靠；也會提到「鄧寧—克魯格效應」、「解釋深度的錯覺」、「認知流暢度」。

**第6章
情緒**
97

我們都知道感受情緒是什麼樣子，但要如何思考情緒？幾千年來，重要思想家一直與情緒課題纏鬥，情緒不僅動作迅速，而且力道很強，同時，也令人困惑又不可靠。這章要談的是心理學家怎麼看情緒，就由以下三個問題切入：1.什麼是情緒？2.情緒是普世共通的嗎？3.我們為什麼有情緒？還將檢視「詹姆士－蘭格理論」，並討論「沙赫特－辛格理論」與支持它的「達頓與亞倫吊橋研究」。

**第7章
動機**
113

為行為提供動機的原因五花八門。亞伯拉罕・馬斯洛的「需求層次理論」，是為動機分類的最早嘗試之一。本章以馬斯洛的金字塔為跳板開始探索「動機」，參酌經濟學理論關於「酬賞」與「懲罰」等「外在動機」的討論，並以「自我決定理論」深入「內在動機」的綜合因素。

**第8章
壓力與健康**
129

想了解自己，也必須了解自己的生理狀態。壓力是心身互動的重要管道，當壓力源出現，身體會啟動交感神經系統產生連串反應，本章也將提示這些反應亦會在其他情況下激發。另一方面，我們對壓力的反應會回過頭來增加壓力，所以一起來看看測量壓力的方法吧！並檢證「對生命具有掌控感，有助於長期健康」。而除了探看幾個身體變化影響心智的方式外，章末更要由「信念」、「預期」、「藥物」、「宗教」等等，探討這些效應反過來是否也會相同。

Part 3　了解彼此 145

**第9章
語言**
147

語言是最主要的溝通工具，然而它的效果未必如人預期。語言充滿各種曖昧，字義的、語音的、句構的等等；除此之外，人嘴巴說的也未必是心裡想的！所以本章的大哉問是：我們是怎麼了解彼此的？人們會判斷脈絡，但這並不完全可靠，因此為了弄懂對方在講什麼，我們會對溝通意圖做出特定假設，這就是心理學家所稱的「語用」（又稱「葛萊斯暗示」）。接著還要看看學習語言相持不下的兩種理論：「先天」與「後天」；最後則談談由語言學家班傑明・沃爾夫所發展出、具爭議性的問題：語言會形塑我們的經驗嗎？

**第10章
人格**
165

另一種了解他人的方式是描述他們，在人們的表象之下，到底有幾個判然有別的人格特質存在？來看看早期人格心理學家歸納評估人格的五個量尺類別，以及其他幾個禁得起科學檢驗的人格特質類型。我們的人格相當複雜，隨著觀察更多細節與調整評價，也要注意：評價別人時該注意些什麼？而人格線索遍布我們的生活空間，它們就像我們用來嗅聞彼此的資料，而得以解釋彼此之間的不同；不論這些特質是繼承而來或是學到的，都是人們預測長期行為表現的好方法。

**第11章
社會影響**
181

人們是環境動物，不過在看待別人的行為時，我們傾向無視這個事實，而過度強調人格的影響，這種偏見被稱為「基本歸因謬誤」。這一章要談談環境如何影響我們，特別著眼於影響最顯而易見的社會環境，探討「從眾」、「順從」、「社會角色」、「情境限制」、「說服」，佐以所羅門・阿希的「開創性」研究。

**第12章
刻板印象
與群體**
197

刻板印象是我們對特定群體成員的思考連結。從某個層次來說，這些連結對社交功能是必要的，卻也會造成各種問題。首先，很多刻板印象並未準確反映事實，即使它們是真的，也經常被擴大解釋，因為我們的刻板印象常常只依據非常有限的證據，但刻板印象往往造成嚴重後果。這一章要試著理解這種現象，方法是討論社會分組如何影響我們，如何影響被我們歸成一類的人。同時也來看看「刻板印象威脅」、「團體迷思」、「刻板印象內容模型」等相關理論與實驗。

**結論
當事情不太
對勁……**
213

本書分析了非常多的經驗，包括我們如何形成記憶、發展感受、分享想法、做錯事、又做更多錯事……。不過，這還沒有涵蓋全部心理學。心理學還有很多有趣的研究領域，畢竟人類心智極其複雜。我們其實才剛剛開始學習心智如何運作而已，還有很多人類心智的祕密等著去發掘。

這是仁*@$&?⋯⋯
導論

人生充滿**瘋狂**

充滿**困惑**……

充滿**混亂**……

剛剛出了什麼事？

怎麼會出這種事？

充滿**誤解**……

充滿**出乎意料**的事……

真有發生這種事？

以後還會出這種事嗎？

……最重要的是，充滿模稜兩可。

也許你就遇過**倒楣事**。

可是我們還是能**了解這個世界**……

小心！

……還有**我們自己**

……以及**彼此**

呼！我剛剛嚇死了。

我看得出來。

這本書想談談我們**怎麼了解**世界、自己和彼此。

亂死了，我們**整理**一下吧！

> 心理學是**心智、大腦**與**行為**的科學

你在**想**什麼？

我們是**怎麼**想事情的？

我在**幹什麼**啊？

很多人以為心理學是關於**偏執、幻想**

CIA 在監控我的想法！

……**童年創傷**

跟我談談你**媽媽**的事。

……**用藥成癮**……

要不要來顆**藥**啊？

……**法庭聽證**……

庭上，被告的心智能力是狗狗級。

還有**實驗室老鼠**。

聽到**鈴聲**時扭一扭。

這些都是心理學的**一部分**，但只是**一小部分**而已。

接下來我們會看到：心理學其實與**所有人類經驗**都有關。

包括愛……

……運動……

……音樂……

……地位……

……成長……

……不幸……

……幽默……

……我……

……你……

……還有**所有**跟這些有關的事。

從信仰到懷疑論　　從厭食到貪吃　　從種族主義到寬容　　從希望到絕望

5

因為我們都是從自身經驗中學習…… ……所以我們都算業餘心理學家。

他說他愛我的時候,
我真的相信他。
沒想到他只是
在利用我。

因為他是
精神變態!

因此,我們總在評價自己…… ……評價他人…… ……也總是對每一件事做出解釋。

因為我太胖,
所以他不愛我!

不不不,因為他是
渾球,所以才
不懂得珍惜妳!

因為妳心碎了,
所以才這麼傷心,
哭得這麼慘。

不過,我們自己和這本書的解釋…… ……之間的區別……

我很清楚人們
言行舉止的動機。

呃,抱歉,光有自信
不代表解釋得對喔!

請參考
第85頁。

……就在於這本書的原理都以嚴謹的實驗研究為基礎。

我們不單相信直覺,
還會加以檢證。

受試者看來不開心。

控制組受試者
沒變化。

科學研究相當**複雜**

不論**我們研究的是什麼**……

要是我們**把東西通電**，會爆炸嗎？不曉得會怎麼樣响？

還是會**燒焦**？

……都一定要**把實驗條件控制好**……

我們最好先確認**實驗室乾乾淨淨**。

……我們必須確定實驗結果**不受人的預期干擾**……

我好希望我的實驗**成功**喔！

我也好希望她的實驗**成功**喔！

呵呵，我們最好把**每個人的眼睛矇上**。

……也必須確定實驗**不會造成傷害**。

要是我們把二氧化碳大量排放到空氣裡，不曉得**氣候**會發生什麼變化？

我們別做這種實驗好嗎？

可是在心理學中，因為我們**研究**的是**活生生的人**……

……**我們得處理的複雜性又更深一層**。

要是我們把人通電，不曉得會怎麼樣？

搞不好會**搶著退出實驗**？

我**超怕**被電。

我覺得被電超**爽**。

我**不喜歡**嚇人的東西。

7

在人身上做科學實驗的一大挑戰是：人極其複雜。

看我！看我！

你在看誰啊？

再靠近一點，我可以讓你看看**你完全想像不到**的東西喔！

做科學實驗是為了**檢驗規則**……

……可是以人來說，幾乎每條規則都有一大堆**個別例外**……

舉例來說，**戳人會惹火人**嗎？

我對**什麼事**都覺得火！

我喜歡被戳。

……這些個別例外多到可以讓這本書根本寫不下去。

如果**人口**中有很多**自然變項**……

……我們怎麼知道是**戳人造成**他們生氣……

還是剛好有群人**無論如何都會生氣**？

我們會用**幾個步驟**處理這個問題。

首先，我們從我們想了解的整個人口中隨機取樣。

我們研究的是**全體人口**的憤怒……

……所以我們不能只在**重機酒吧**裡找受試者……

也不能光在**禪修中心**找受試者。

我們得從全體人口中找一批**受試者**。

第二，我們**一定**會把一組隨機樣本跟另一組隨機樣本分開……

……對其中一組**什麼事也不做**。

你們是**控制組**……

……和組裡其他人**一模一樣**。

接者我們比較結果，看看**有做測試**那組的結果……

……和**什麼事也不做**的那組結果有什麼不同……

你**現在**覺得多生氣呢？

……如此一來，我們能確保所有個別例外都能**自行消除**。

我總是在**生氣**！

快戳我，拜託！

兩組中的個別例外可能**一樣多**。

我好喜歡戳戳。

有膽你就戳我看看！

這些步驟為我們的實驗增加了些**複雜性**……

因為有**隨機分配**和**控制條件**，我們能用**統計學分析**了！

哇，好棒棒。

可是不這樣做的話，基本上根本**不可能**做心理學研究。

不過，這本書**不是**關於**如何設計實驗**……

……也跟**我們如何形塑大腦**無關。

這筆資料組有**多元共線性**問題，要用**對數變換**以符合**高斯假設**。

她正在用**前額葉**思考問題……

……如果你有興趣，等我們出《漫畫神經科學》再來看。

這本書要談的是**我們怎麼生活。**

只要是人都適合閱讀……

……需要與人**互動**的也可以看看喔！

往**四周**看看，我們這就開始。

Part 1
了解世界

第1章
感知與注意力

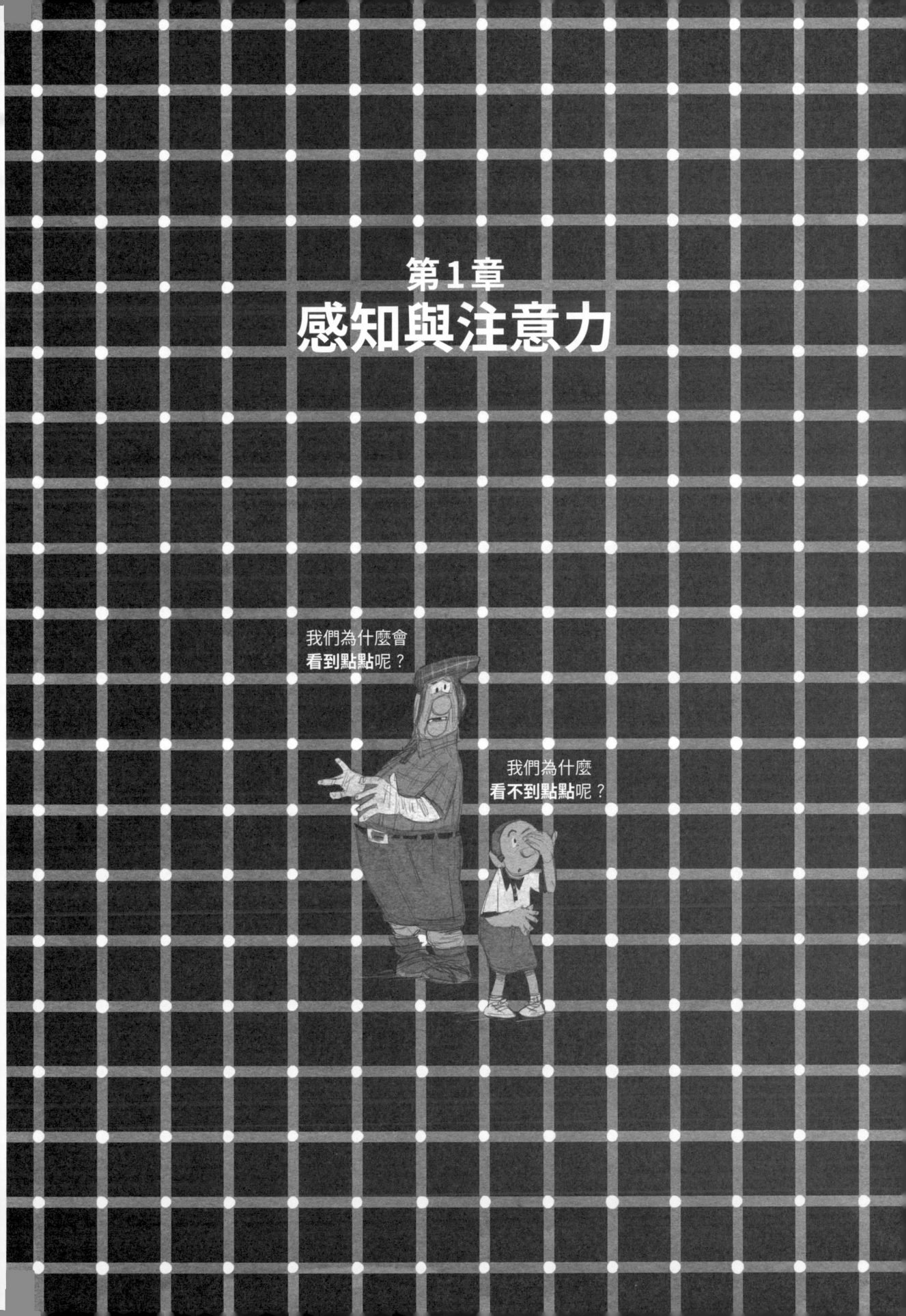

我們為什麼會
看到點點呢？

我們為什麼
看不到點點呢？

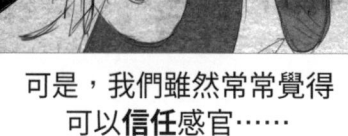

很明顯地，我們是**透過感官**從世界接收資訊。

可是，我們雖然常常覺得可以**信任**感官⋯⋯

⋯⋯但它們**未必可靠**。

這蘋果味道**超噁**！

呃⋯⋯那是**洋蔥**⋯⋯

這是因為，我們**自以為感知到的**⋯⋯

⋯⋯**其實從來不是實際狀態**。

歡迎光臨海市蜃樓！

事實上，那是**很多心理過程**所產出的結果。

進你大腦的只有**電子訊號**⋯⋯

⋯⋯你察覺到的事，其實是**你詮釋過**的樣子。

舉例來說，**光射入眼睛**後會在**大腦**裡造出很多**電子訊號**……

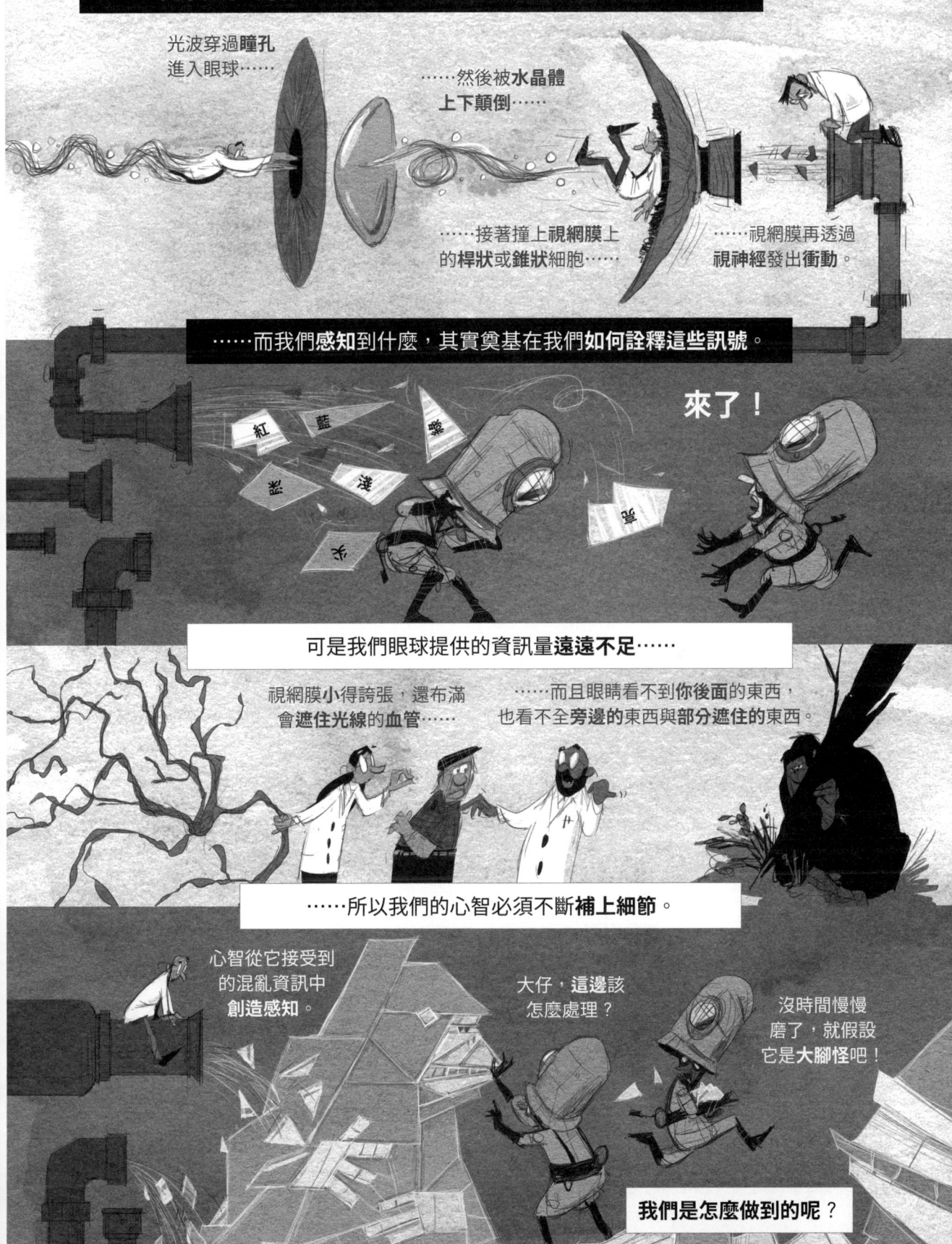

光波穿過**瞳孔**
進入眼球……

……然後被**水晶體**
上下顛倒……

……接著撞上視網膜上
的**桿狀**或**錐狀細胞**……

……視網膜再透過
視神經發出衝動。

……而我們**感知**到什麼，其實奠基在我們**如何詮釋**這些訊號。

來了！

可是我們眼球提供的資訊量**遠遠不足**……

視網膜小得誇張，還布滿
會**遮住光線**的血管……

……而且眼睛看不到**你後面**的東西，
也看不全**旁邊**的東西與**部分遮住**的東西。

……所以我們的心智必須不斷**補上細節**。

心智從它接受到
的混亂資訊中
創造感知。

大仔，這邊該
怎麼處理？

沒時間慢慢
磨了，就假設
它是**大腳怪**吧！

我們是怎麼做到的呢？

心智創造感知的方法很大部分需要**依靠脈絡**。

這什麼意思？

看你在哪裡發現的囉。

舉例來說，如果射向我們眼球的**光不夠多**……

……代表我們可能身在**暗處**……

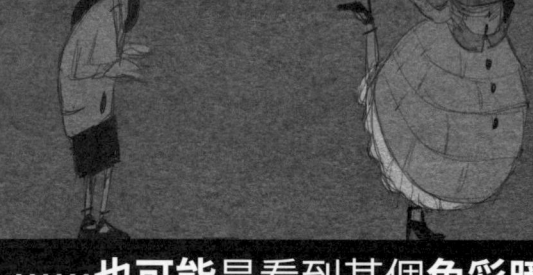

……**也可能**是看到某個**色彩暗沉的東西**。

而既然我們沒有**足夠資訊**判斷哪個推測為真……

所以這到底是什麼狀況？是**手電筒的光不夠強**？還是那件**衣服顏色太暗**？

或許是在手電筒微弱燈光下的暗色衣服。

……我們只好對照旁邊的資訊**猜猜看**。

更精確點說，要判定某個東西有多**亮**，
我們得**對照它與它的背景**。

如果它看起來比旁邊的東西更**暗**，我們就假定它是**暗**的。

如果它比旁邊的東西**更亮**，我們就假定它是**亮**的。

這說明了為什麼
這兩件裙子明明**一模一樣**，
看起來卻差很多。

其實你的大腦在做**統計**吶！大腦根據脈絡來**推測亮度**。

事實上，大腦處理**所有接收到的資訊**時都是如此：

資訊不夠多，我們無法確定⋯⋯

⋯⋯那只好根據**脈絡**猜看看囉。

不論接收到的是**氣味、滋味**⋯⋯

⋯⋯或是**其他身體感官資訊**。

聞起來像熱狗，嘗起來又像雞肉⋯⋯

恩，我想吃了應該**沒問題**吧。

我好緊張，可是她明明正翻了！我一定愛上她了。

關於這點，去**第6章**可以看到更多資訊喔！

我們再來看**幾個例子**吧！

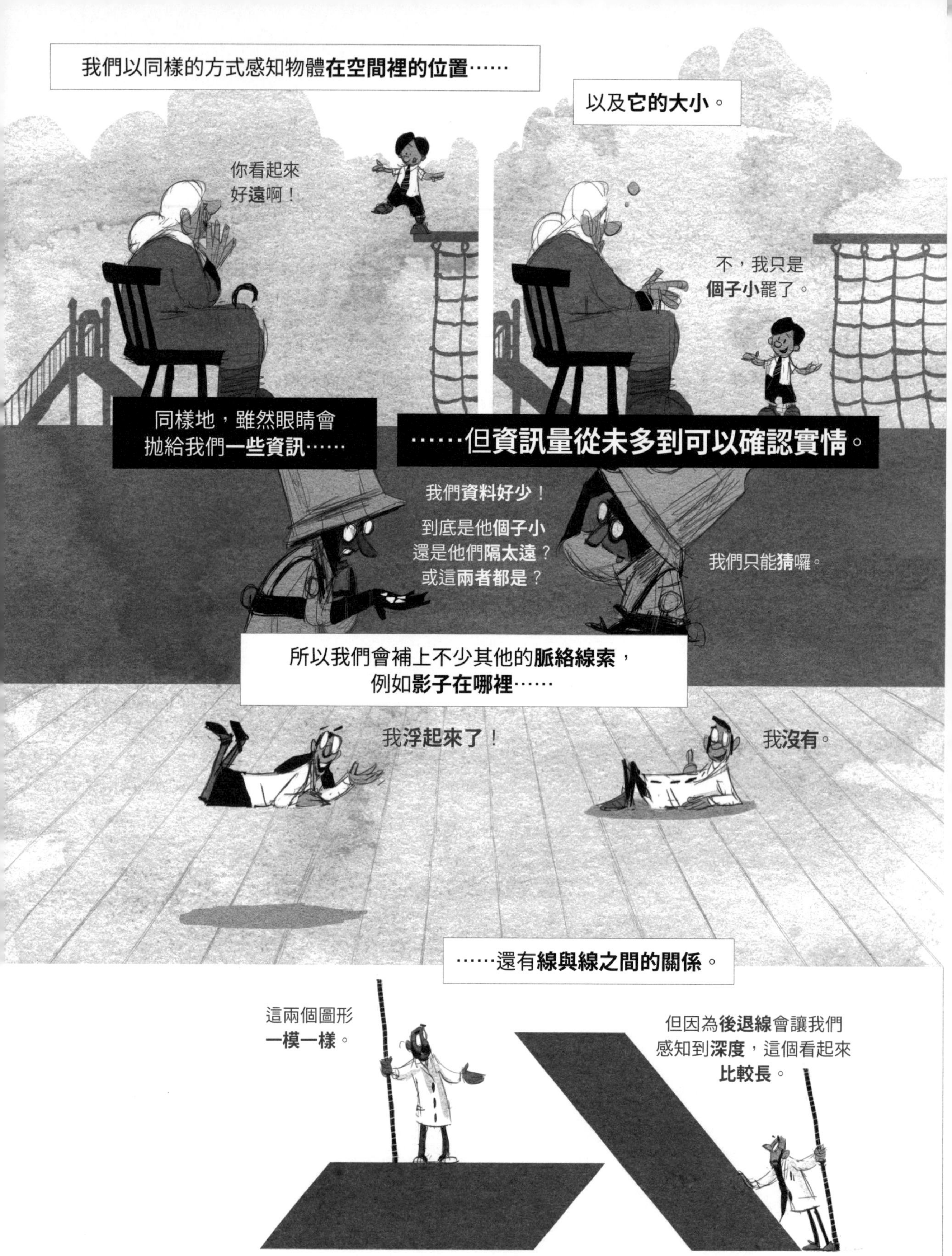

我們以同樣的方式感知物體**在空間裡的位置**……

以及**它的大小**。

你看起來好**遠**啊！

不，我只是**個子小**罷了。

同樣地，雖然眼睛會拋給我們**一些資訊**……

……**但資訊量從未多到可以確認實情。**

我們**資料**好少！
到底是他**個子小**還是他們**隔太遠**？
或這**兩者都是**？

我們只能**猜**囉。

所以我們會補上不少其他的**脈絡線索**，
例如**影子**在哪裡……

我浮起來了！

我沒有。

……還有**線與線之間的關係**。

這兩個圖形**一模一樣**。

但因為**後退線**會讓我們感知到**深度**，這個看起來**比較長**。

18

雖然心智**隨時**都在處理這些脈絡線索……

你長得好**快**啊！

奶奶，我其實只是**朝妳走過來**而已。

……但只有在它出鎚或造成**視覺錯覺**時，我們才會察覺它一直在這樣做。

試著跟這些**平行線**看過去，很直對吧？

更重要的是，因為我們**一切的感知都是這樣來的**……

我們每天接收到的都是**有限的感官資料**……

……有的出自**手**，有的來自**鼻子**，有的從**舌頭**送過來，你一定還能講出很多……

然後我們再把**縫隙填起來**。

……**在我們其他感知系統中**，同樣也有很多感官錯覺……

……只是我們**在這裡不能畫**。

這塊**乳酪**熟得恰到好處，我**口水都流出來了**！

其實，那是你**腳**的味道。

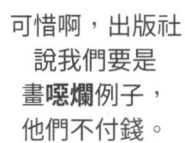

可惜啊，出版社說我們要是畫**噁爛例子**，他們不付錢。

19

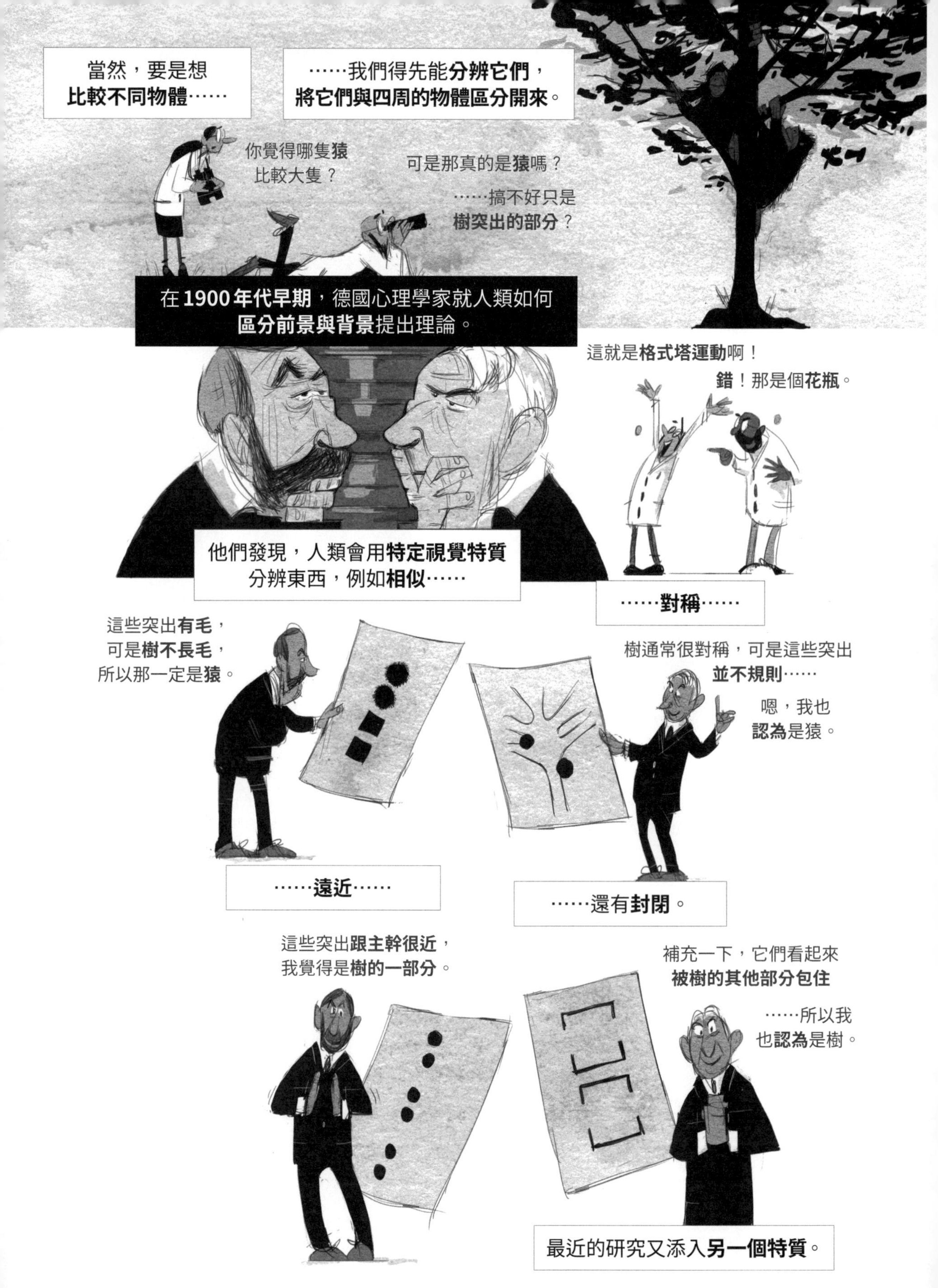
當然，要是想比較不同物體……
……我們得先能分辨它們，將它們與四周的物體區分開來。
你覺得哪隻猿比較大隻？
可是那真的是猿嗎？
……搞不好只是樹突出的部分？
在1900年代早期，德國心理學家就人類如何區分前景與背景提出理論。
這就是格式塔運動啊！
錯！那是個花瓶。
他們發現，人類會用特定視覺特質分辨東西，例如相似……
……對稱……
這些突出有毛，可是樹不長毛，所以那一定是猿。
樹通常很對稱，可是這些突出並不規則……
嗯，我也認為是猿。
……遠近……
……還有封閉。
這些突出跟主幹很近，我覺得是樹的一部分。
補充一下，它們看起來被樹的其他部分包住
……所以我也認為是樹。
最近的研究又添入另一個特質。

在印度,普拉卡什計畫幫先天失明的孩子重獲視力。

很多種失明現在能簡單以手術治好。

觀察這些孩子**首次學習以視覺分辨物體**……

全都好**複雜**啊!

……科學家們發現:**動態**這項特質份量吃重。

這個跟那個……

一定不一樣。

其他研究則運用**新科技**拓展知識範圍。

把攝影機綁在嬰兒身上,就能抓住**他們接受的每一個視覺刺激**。

接著再用**統計學**推測他們的大腦可能是怎麼理出頭緒的。

當然,人一旦學到**甲是甲、乙是乙**,要辨識東西就容易多了……

我知道**這邊的屁股**跟**那邊的頭**是連在一起的,因為它們會**一起動**……

也因為牠是我的狗。

……這把我們帶向另一個**要點**。

既然我們對世界的認知牽涉到一連串**猜測**……

感覺起來像大象……

聞起來像大象……

聽起來也像大象……

……我們又是從哪裡獲得賴以**提出猜測**的資訊呢？

……可是，我們到底怎麼會**知道**什麼是**大象**啊？

原來有**兩個來源**：

一種是**由下而上**……

……另一種是**由上而下**。

也就是我們**直接從感官獲得**的資訊。

這是我們從自己的**先前知識**得到的資訊。

我們得同時**仰賴**這兩個，才能產生對世界的即時經驗。

光波射入**視網膜**。

音波衝擊**鼓膜**。

分子碰觸**舌頭**和**鼻孔**。

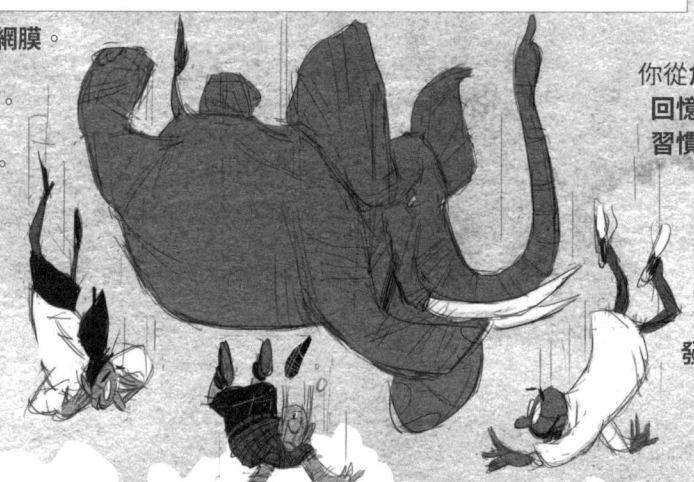

你從倉庫裡翻出**回憶**、**念頭**、**習慣**和**反應**。

然後你處理這些東西，好判斷到底發生什麼事。

22

想驗證**由上而下**和**由下而上**的區別，有個有趣的例子是**伏特加**……

……原來，伏特加基本上是**沒味道**的。

由下而上，呼乾啦！

根據美國政府規章……

……伏特加**無獨特特點**，無味、無色、無香氣。

所以從**由下而上**的方式看來，各種品牌的伏特加**嘗起來都一樣**……

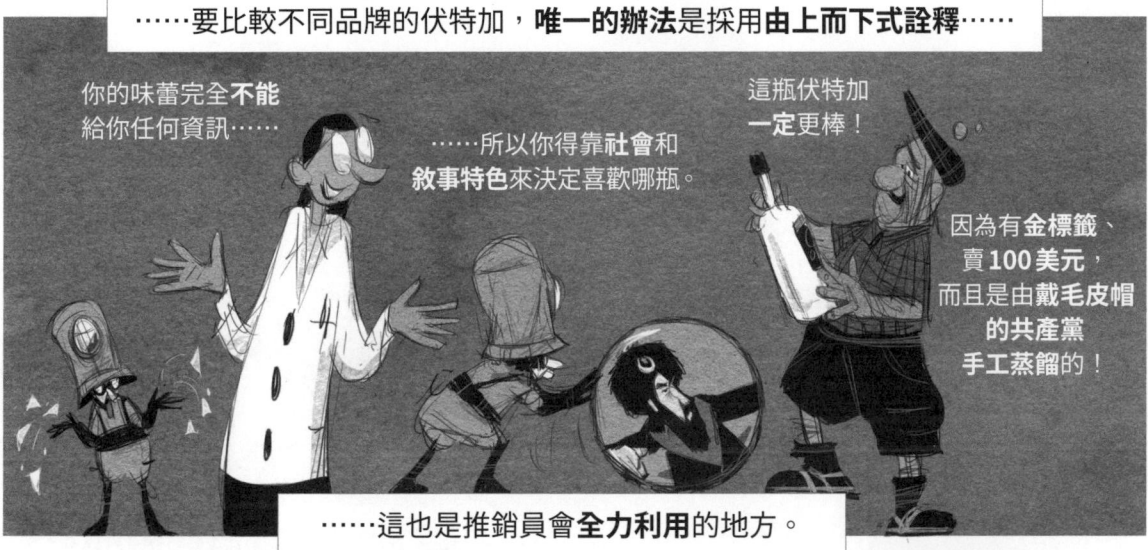

這瓶嘗起來**沒味道**！

這瓶也是……

……想**交換**嗎？

……要比較不同品牌的伏特加，**唯一的辦法**是採用**由上而下式詮釋**……

你的味蕾完全**不能**給你任何資訊……

……所以你得靠**社會**和**敘事特色**來決定喜歡哪瓶。

這瓶伏特加**一定更棒**！

因為有**金標籤**、賣**100美元**，而且是由戴毛皮帽的共產黨手工蒸餾的！

……這也是推銷員會**全力利用**的地方。

試試我們這牌吧！戴毛皮帽的可是個**性感尤物**呢！

喔！

23

可是在實際生活中，我們的問題很少是資訊**太少**……

大多數時候，我們的難題是資訊**太多**。

這**伏特加**嘗起來**沒味道**。

這**紅酒**有醋栗香、杜松香、繃帶味、雨水味、囓齒動物糞便味、頭皮味、口臭味……

無時無刻，所有資訊不斷從**不同感知系統**湧進來。

眼　耳　口　鼻　其他感官

紅　繃　尖銳聲　大聲　甜　臭　香　酸　軟　滑

救人喔！

這個世界實在**太過複雜**，複雜到我們無法面面兼顧……

……我們確實**沒有**。

相反地，我們**只注意部分資訊**……

希望那俗辣別再一直跟車。

貼這麼緊，現在的人都有毛病。

……其他部分就用假設的。

24

有些**著名實驗**顯示**我們的注意力多有限**。

其中一個是研究人員**隨機找人問路**……

請問**最近的熱狗店**該往哪兒走？

……但當**研究人員**很快**與另一位同事互換**……

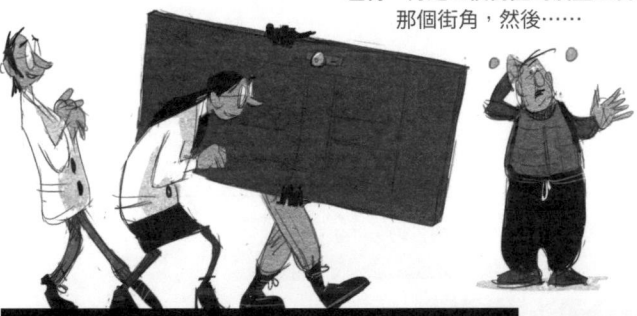

……**很多人根本沒發現**。

嗯，先沿**第五街**走，到**第七街左轉**，再走**三個街區**到**漢堡王宮**那個街角，然後……

謝謝！　　不客氣！

另一個實驗是：研究人員隨機找人看影片，請他們**仔細觀察球隊練習**……

……結果很多人因為專心看球員，沒有發現有隻**猩猩跳舞穿過畫面**。

請數看看**傳了幾次球**。

當然，如果受試者**知道該預期什麼**，結果就不一樣了……

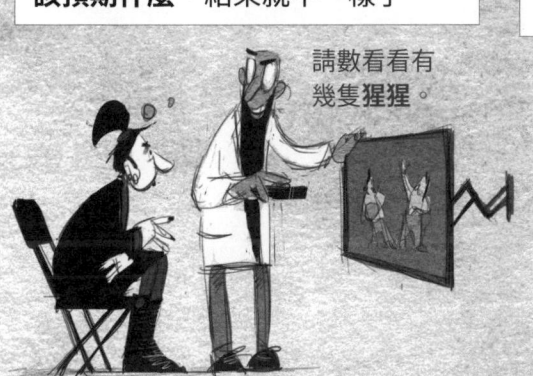

……不過重點在於：**如果毫無預期，我們常常不會注意到這些異狀。**

請數看看有幾隻**猩猩**。

猩猩？什麼猩猩？

25

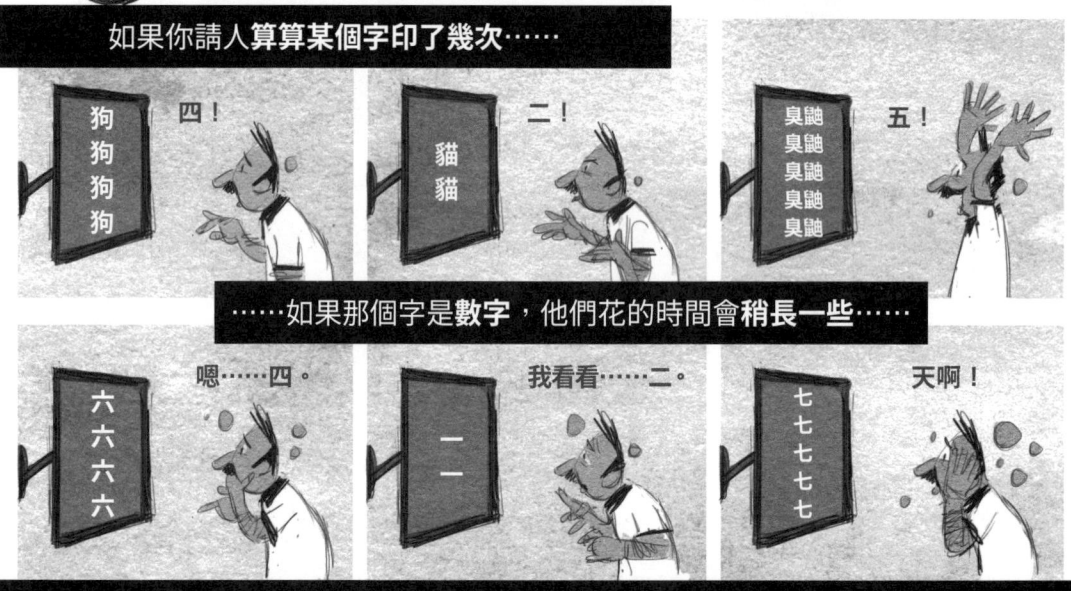

事實上，因為我們周遭有太多事在進行，我們**不可能同時注意全部**。

真是**眼花撩亂**啊！

所以我們有些感知系統會變得**自動化**。

我們學**騎腳踏車**時就是如此……

……**演奏樂器**也是一樣……

……**看書**也是。

我以前得**用想的才知道**這些符號呢！

結果之一是**史楚普效應**。

如果你請人**算算某個字印了幾次**……

狗狗狗狗 — 四！

貓貓 — 二！

臭鼬臭鼬臭鼬臭鼬臭鼬 — 五！

……如果那個字是**數字**，他們花的時間會稍長一些……

六六六六 — 嗯……四。

二 — 我看看……二。

七七七七七 — 天啊！

……因為他們的心智會**自動把字跟意義連在一起**，所以得多費點事**把它們解開**。

遇到**顏色的字**也是一樣。

白……呃不對，是黑！

黑……咦？是白！

當然，我們**多少能控制要把注意力擺在哪裡**……

……但這種能力是**有限的**。

我要看**這個**節目……

……**才不要做功課**咧！

一般說來，我們不是大範圍**分散注意力**，但注意力不深……

……就是**集中注意力**在一件事上……

你可以同時吃東西、聊天，看Instagram、臉書、簡訊、email與推特……

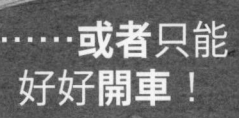

……**或者**只能**好好開車**！

可是我們**沒辦法兩者兼顧**。

開車時你只能專心**開車**！

天知道會不會有隻**猩猩**突然衝出來。

我們就是**沒有足夠的心理資源這樣做**。

我是**多工人**啦！

我一邊看電視……

……**也**一邊做功課！

小鬼，你其實只是**坐在那裡**而已。

總之，這個瘋狂世界充滿**過量刺激**……

……而我們感官收到的資訊往往**扭曲**或**模稜兩可**……

那裡到底是**發生**什麼事？

……所以心智得不斷運作，為這片混亂**創造秩序**。

由下而上！

由上而下！

雖然我們感知到的**並不是外界實際發生的**……

我們腦袋裡的所有**心像**，都是**腦中電子訊號**組成的。

腦袋外則是排山倒海的**原子與能量**。

……可是這套程序**表現亮眼**，已經能讓我們好好生活。

還好我**反應夠快**。

感覺像我**看到**牠之前就踩了煞車。

第 2 章
學習

我們從前一章學到：我們透過感官得到的資訊**天生模稜兩可**。

wYAiErArrAE

聲音有夠淒厲……　是哪家在**虐待小孩**嗎？……

……還是只是**貓叫**？

所以，為了更了解世界，我們使出**由上而下絕技**……

鄰居老是會餵浪貓

每天晚上都來這麼一段

附近沒有小孩

……整合我們的**先前知識**以弄懂事情。

實在該養條**狗**了……

但我們是怎麼得到先前知識的呢？是透過**學習**。

我們其實**不斷在學習**，
不只在**不得不學**的時候……

……在**日常生活裡**也一直在學。

好好聽老師的話，
不然**你什麼也學不到**。

好好聽老闆的話，
不然薪水要飛了。

聽一下門，被媽媽
抓到，我們就慘了。

在這一章裡，我們要談的是**我們怎麼學東西**……

熟的香蕉是**黃色**的。

每次我踩到熟香蕉皮……
……都會**跌倒**。

小心，不要踩到
熟香蕉皮喔！

……我們會仔細看看**三種學習型態**……

我們透過建立
連結學習……

……透過**酬賞**
與懲罰學習……

……也向別人學習。

1. 古典制約

2. 操作制約

3. 社會學習

一、古典制約

很多事情**同時發生**……

……我們為了幫助自己探索世界，會**為它們建立連結**。

多雲 / 下雨

沒人講話 / 爸媽在賭氣

奶奶 / 怪味道

那麼，我們是怎麼**學習**這些連結的呢？

甲 / 乙

俄國生理學家**伊凡‧巴夫洛夫**是最早研究**連結學習**的人之一，他在 1920 年代就開始做相關實驗。

我還能說什麼呢？我這人就是**直覺特別強**。

巴夫洛夫研究狗吃東西時怎麼流口水……

小雷雷，這裡有**肉丸**喔！

咱來看看你會流多少口水。

……當他注意到狗學會在吃東西之前就流口水……

叮呤叮呤

小雷雷，晚餐時間到囉！

他靈光一閃，頓時明白自己可以**引誘牠們流口水**……

如果我**每次餵牠之前**都先跳一小段舞……

……一段時間之後，**我一跳舞牠們就開始流口水。**

……用各種無關的刺激就能做到。

牠們可以學會連結各種**八竿子打不著的東西**……

……只要用肉丸就做得到！

33

巴夫洛夫的實驗之所以大獲成功，是因為世上**有些刺激會引發自動生理反應。**

覺得**冷**時……
……我會**發抖**。

只要貓咪坐在我膝上……
……我就會**打噴嚏**。

每次聞到垃圾的味道……
……我都覺得**反胃**。

可是，如果其他**不相干的刺激**……

……與這些**特定生理反應一再同時出現**……

每次我坐在**這張椅子上**……

……涼涼的晚風總讓我**發抖**。

每次我嚼**肉桂口香糖**……

……貓都會坐在我膝上，然後我**大打噴嚏**。

每次我彈**鄉村音樂**……

……我都剛好在垃圾桶旁邊，覺得一陣**噁心**。

……我們會學到把這些新的刺激與那些反應**連結起來**……

每次我**坐在這張椅子上**，邊嚼**肉桂口香糖**，邊彈**鄉村音樂**……

……我都**發抖**、**打噴嚏**，還覺得**反胃**。

……即使我們完全**沒察覺**有發生這種事。

用心理學術語來說，建立連結叫**「制約」**。

制約刺激是因。

每次我聞到這種香水……

……就懷念起我奶奶。

制約反應是果。

雖然我們在現實生活裡**經常沒有察覺**它的存在，我們還是**時時刻刻**都在學習建立這種連結……

……主要是因為這種連結很**有用**。

每次我聽到磨東西的聲音……

……我都立刻**跳起**。因為我把那種聲音跟咖啡連結起來了。

我得**快點去上班**啦！

不過，這還是有**缺點**的……

每次看到**超萌正妹**戴著毛茸茸的帽子……

……我總覺得**這個牌子的伏特加**一定很讚。

……有些缺點**比其他缺點嚴重得多**。

照我多年經驗，**下里巴人**都是罪犯。

關於**成見**，我們會在**第12章**進一步討論。

巴夫洛夫的研究成果出來沒多久，有些心理學家就決定在**嬰兒**身上試試這種招數。

巴老對**狗**的實驗超有效……

好主意耶！

……我們來看看對**小不點**有沒有效，如何？

他們尤其好奇的是：制約造成的連結是怎麼**概化**的呢？

要是我們設法讓小不點**害怕老鼠**……

他會連帶害怕**什麼**？

好問題！

於是，他們給了他一隻**可愛的絨毛老鼠**，並同時敲打出**可怕的噪音**。

就拿這隻可愛的絨毛老鼠當制約刺激吧！

噹!!

哭叫就是他的**制約反應**。

不幸的是，嬰兒不只學到**害怕老鼠玩偶**……

哇!!!!

太棒了！

……還學到害怕其他各種絨毛玩偶……

哇!!!!

有夠妙！

……這項實驗雖然成功，但也因此變得**惡名昭彰**。

哇!!!!

呃……我們該怎麼讓他**不哭**？

36

古典制約的確影響**我們如何學習連結世間萬物**……

每當看到**可愛又毛茸茸的**東西……

……就讓**我**想起那些**可怕的噪音**……

……就讓我想起**伏特加**。

……不過，另一種學習模式更直接地**形塑我們的行為**。

壓！

精確點說，**操作制約**是關於我們如何透過行為後果學習……

……我們會從酬賞中學習……

恭喜獲得**巧克力棒一枝**！

……也會從懲罰中學習。

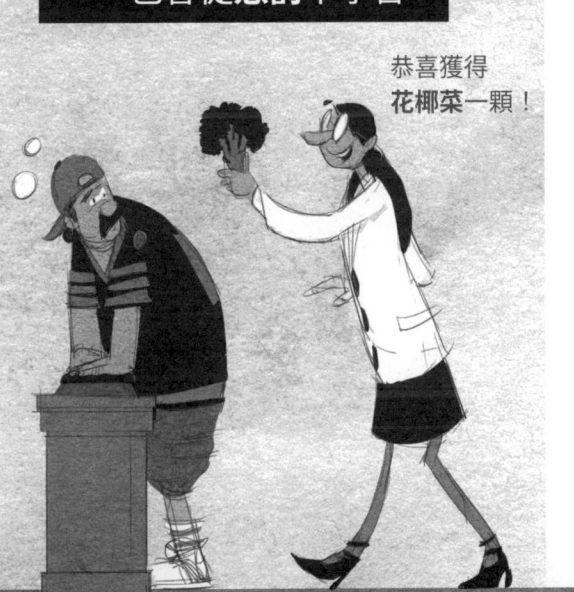

恭喜獲得**花椰菜一顆**！

二、操作制約

操作制約中最簡單的原則是**效果率**。

當某個行為帶來**正面結果**……

……我們**可能會再做一次**。

當某個行為帶來**負面結果**……

……我們**不太會再做一次**。

聽起來或許完全**合理**……

……可是現實情況往往**非常複雜**。

要是哪種生物一直做對自己**不利**的事，牠會**絕種**。

那該怎麼解釋為什麼人會**抽菸、喝酒、吃藥、滑雪、寫作業**，還有……

……還有邊做這些事邊**傳簡訊**？

舉例來說，我們有時會**錯誤詮釋造成結果的是哪個行為**。
他上星期忘了**洗襪子**……
……然後**打出一支全壘打**。
後來他**再也**不洗襪子。
另一些時候，我們**不斷重複**具有**短期酬賞**、但會帶來**長期負面結果**的行為……
戳戳戳戳
……或是**被錯綜複雜的先決條件誆騙**。
每隔週週四下午2點到4點，您有30分鐘紅利通話時間——如果您已用完全部免費流量，並在前一週曾致電令堂，也沒有在離峰時段撥打國際電話，或是……
夠了夠了，趕快**登入**就是了。
1930年代，行為心理學家**史金納**為了研究這些複雜性，發明出一種**特殊的箱子**。
只要你進來，我就給一塊**餅乾**。
這裡有**按鈕**、**小冰箱**、**舞台燈**、**麥克風**，還有**舞池**。
夠完美了吧？你**還需要**什麼嗎？

史金納箱是迷你實驗室，
設計來研究**生物如何學習**……
音樂一放就按按鈕。
……特別是：不同**酬賞**……
做得好！請吃**餅乾**！
表現得很好！我們**把地板電源關掉**。
……和不同**懲罰**……
喂！為什麼我一按按鈕，你們就**鎖住冰箱**！
滋滋滋滋滋！
……**如何影響學習過程**。
音樂來了，**想再按一次嗎？**
當然想按！
滋滋滋！
不幹。按了你們搞不好又拿走**別的**東西。
我才不按！
由於連**部分行為**或**隨機運動**都會得到酬賞或懲罰……
……酬賞與懲罰能用來教動物各種**白痴把戲**……
把左腳放進去，我就給你餅乾！
揮揮手，否則我把電量調到**11級**。
好，現在來個**帶動唱**。
……當然，也能教**非常實用的技能**。
鴿子**分辨顏色的能力**很強，如果在牠們**挑出特定顏色時**給予酬賞，牠們就能幫我們**尋找落海失蹤的人**。
菲比的**嗅覺**超棒，所以我教牠**在奶奶來時吠個幾聲**。

與史金納原本的構想不一樣，這些實驗後來大多**限於動物**……

……可是，透過操作制約得到的成果，**顯然也適用於人類。**

我們該放個**嬰兒**進去，跟老鼠一起！

好主意！

我**滾輪**玩膩了。

這麼巧？我也是！

舉例來說，當我們更了解**自己的酬賞系統**如何發揮作用……

你大腦的**伏隔核**裡**多巴胺**氾濫。

……我們對**經濟動機**的認識更深一層……

……對**人際關係**也更加了解……

如果只差**四毛九**，每個人都想換**大杯**。

如果要加**一美元**，他們還會想換大杯嗎？

她會把內褲丟進**洗衣機**而非丟在**地上**……

……前提是我得**每週**做晚飯一次。

……也更清楚為何**與上癮有關**的社會問題如此普遍。

這將我們帶入**下一個主題**。

41

三、社會學習

最後一種非常重要的學習方式是**學習別人**。

我們排隊是**在排什麼**？

不知道，反正一定**很重要**。

更精確點說，我們會學習別人的行為，即使我們**看不出他們這樣做有什麼結果**。

她一直**按**那個鈕耶。

她按了鐵定會**得到什麼**。

對這個現象最好的研究之一，是**艾伯特・班杜拉**的經典研究**波波娃**實驗……

他把孩子們分成兩組，其中一組會看到成人表現出**侵略性**……

……另一組孩子**不會**看到類似行為……

我打！我打！我打打打！

……等大人離開房間之後，第一組孩子表現得比第二組**更具侵略性**。

有沒有人想下棋？

42

不是只有人類會模仿……

快看！那些猩猩在**彼此模仿**！

……有證據顯示，某些動物像人類一樣分享共同文化。

一開始是我們**這族愛打架**的都吃了毒肉**死了**。

後來就由**不好鬥**的狒狒作主。

然後新來的狒狒也被**同化**！

喂，我該**打敗**哪隻才能加入你們？

抱歉啊老兄，我們這裡**不幹**那種事。

但因為人類的社會學習複雜得獨樹一幟……

想加入**我們**，就得學會瞇眼**背對背帶動唱**。

……而且時而令人困惑，時而相互矛盾……

我當然會從他的**行為學習**啊！

他是我爸耶！

我總是做跟他**相反的事**。

……所以我們會在第三部分更嚴謹地加以探討。

因為很多心理學研究**看起來很簡單**……

按按鈕跟我**有什麼關係**？

……而且實驗對象是**動物不是人**……

狗流不流口水跟**我有什麼關係**？

……大家可能**不太會認真看待**。

我學帶動唱是要**幹麼**？

……所以在這一章的尾聲，我們來看看**習得的無助**這個挺可怕的例子。發現者是心理學家**馬丁・塞利格曼**。

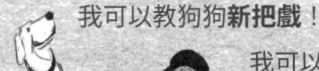

我可以教狗狗**新把戲**！

我可以教牠**什麼都不做**。

他發現：如果你隨機電擊**史金納箱裡的狗**……

……讓其中幾隻狗**學習避免電擊的方法**……

……其他狗**不給這項控制條件**……

按這個鈕，電擊就會停。

抱歉啊，你什麼辦法也**沒有**。

……然後把每隻狗放到不同的箱子，那裡只要**輕輕一跳**就能避開電擊……

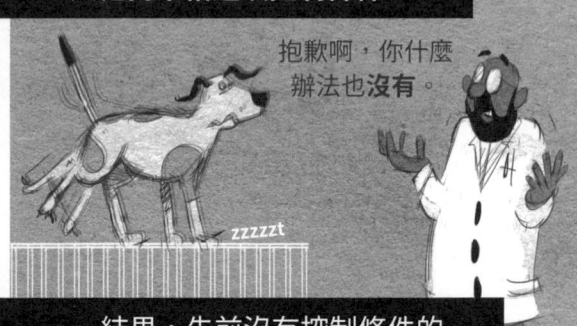

……結果，先前沒有控制條件的那些狗**連試都不試**……

……因為他們已經**學會無助**。

44

塞利格曼的發現讓人驚覺：
人類也會學習無助……

我們能學會去做能**獲得酬賞**的事……

……我們也能學會怎麼做**也是枉然**。

……而這會帶來**深遠的社會後果**。

人之所以會容忍**虐待和欺負**……

……**不是**因為他們有什麼問題……

……而是因為他們已經不斷學到自己**根本無法控制這些事**。

貪腐　暴力　不公不義

又能怎樣？

所幸塞利格曼的研究**也**指出**希望**所在……

……在**他人協助下**，習得的無助可以**消除**。

原來**老狗**能教我們**新把戲**喔！

我們可以一起改變這些事。

45

在實驗室外，我們的學習方式就跟其他事情一樣**混亂**、**失序**，充滿**模稜兩可**。

真想念我**在實驗室**的工作。

但我們一旦學到某些事，不論它們是**簡單**……

我會背26個**字母**了喔！

……是**複雜**……

我會背史努比狗狗的歌詞。

……**是真**……

多得幾分就能贏！

……**是假**……

要是我洗襪子我們就輸定了！

……我們都能運用它們**組織經驗**。

只要學會字母，你**看世界的方式**再也不一樣了！

聽過**史努比狗狗**的歌也一樣。

這就是**由上而下**嘛！

我們接下來會看到：學到的東西不只能讓我們**了解自己的感受**……

……它也能**形塑我們的記憶**。

什麼噁爛味啊！？

搞清楚！這是**贏球**的味道！

穿雙髒襪子向來能讓我表現更好。

第3章
記憶

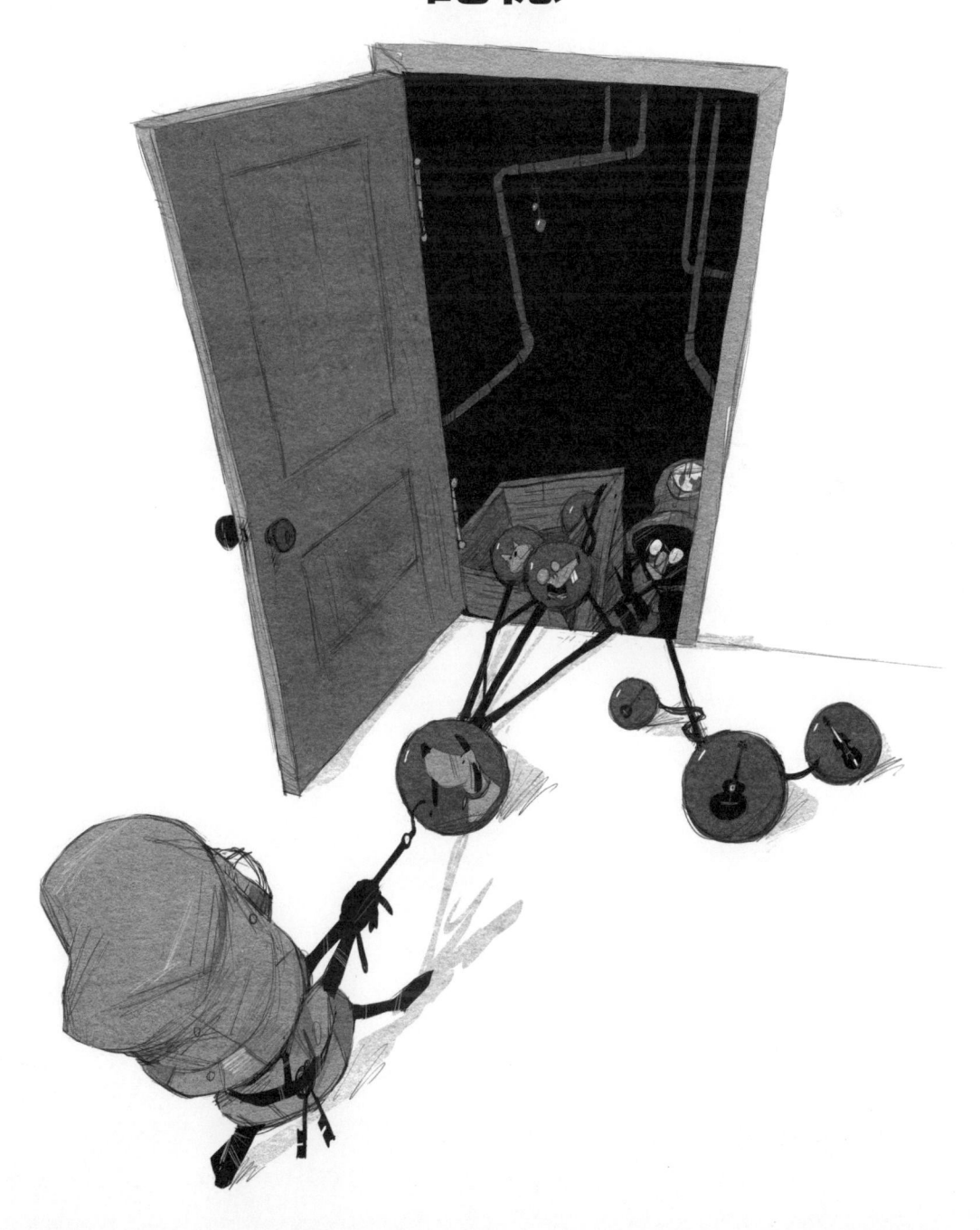

在這一章裡，我們要談的是
兩種基本記憶類型……

工作記憶

長期記憶

……以及**想法與概念怎麼在兩者之間來去**。

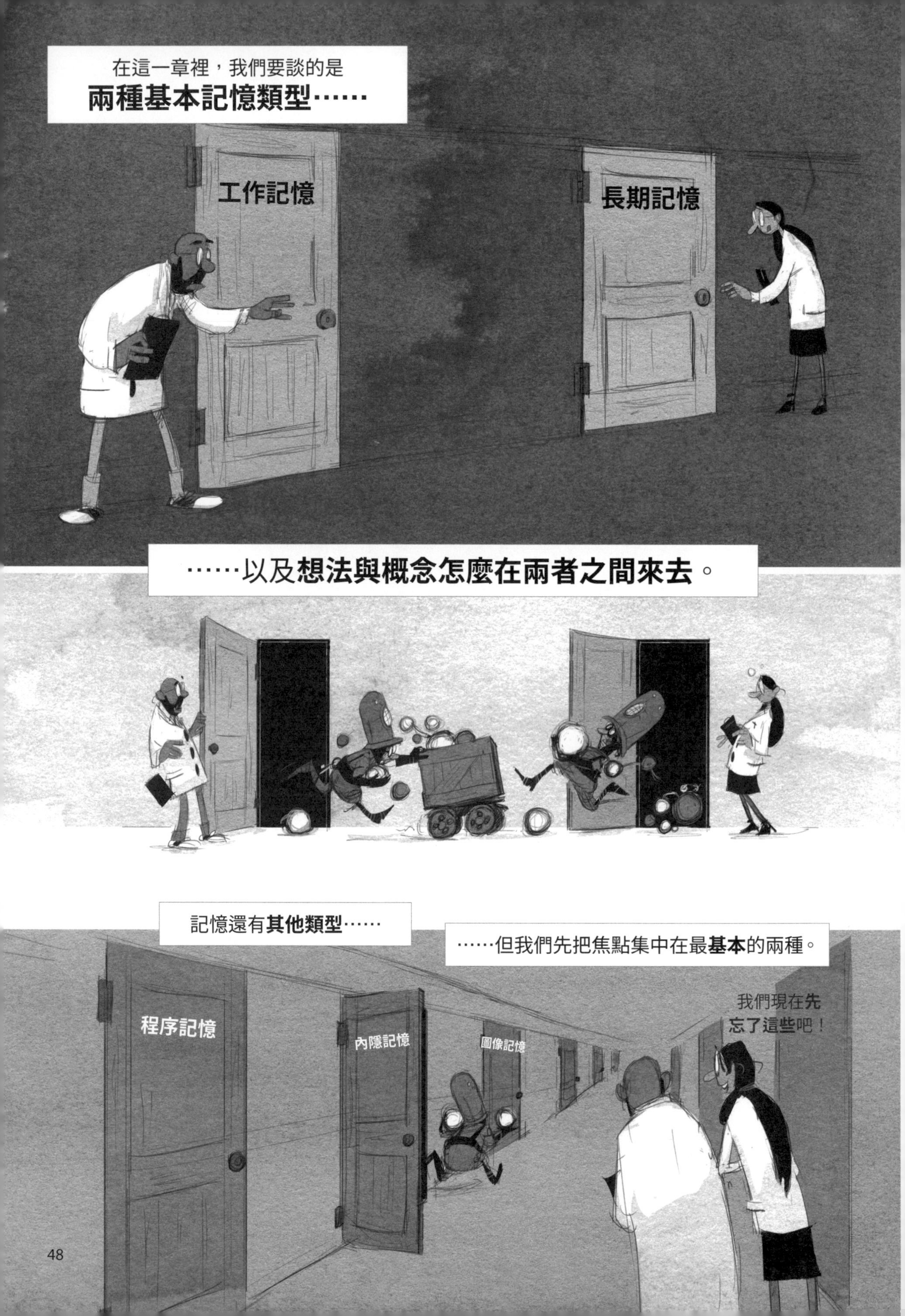

記憶還有**其他類型**……

……但我們先把焦點集中在最**基本**的兩種。

程序記憶

內隱記憶

圖像記憶

我們現在先忘了這些吧！

工作記憶
（又稱短期記憶）
包括你此時此刻正在想的東西。

長期記憶
包括你**所**知道、但現在**沒有**在想的一切。

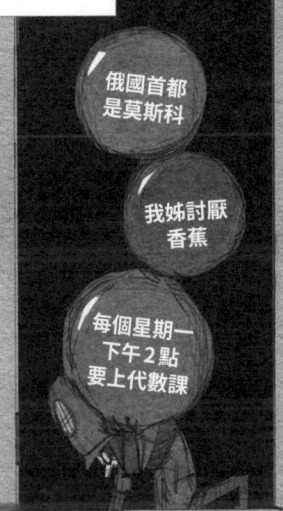

- 我得了674個讚
- 我好像該去念書了
- 我這次髮型超讚

- 俄國首都是莫斯科
- 我姊討厭香蕉
- 每個星期一下午2點要上代數課

大家都知道，我們不斷把**資訊**在兩者之間傳來送去……

儲存　　　　　　　　　**提取**

……而很多資訊會在過程中**遺失**或**扭曲**。

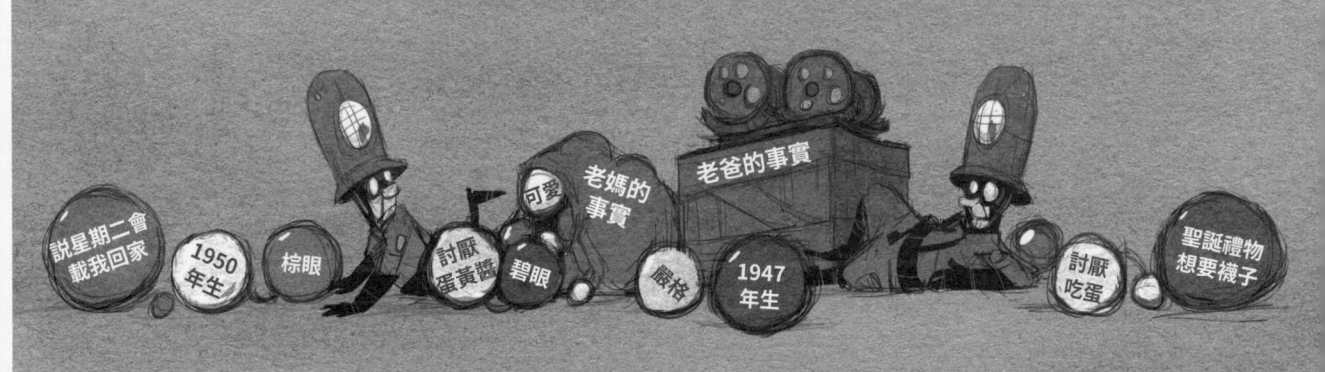

- 說星期二會載我回家
- 1950年生
- 棕眼
- 討厭蛋黃醬
- 可愛
- 老媽的事實
- 碧眼
- 老爸的事實
- 嚴格
- 1947年生
- 討厭吃蛋
- 聖誕禮物想要襪子

我們的工作記憶**有限**……
7
6
5
3
8
0
9
……所以我們
必須**主動保持**。
繼續練習，不然
你會**忘記**。
我想來罐
沙士
我口渴
穿這件
外套好熱
事實上，我們只能同時處理
大約七個有意義的資訊單元。
接住！
嗨！
我叫珍妮
這女生
好漂亮
鑰不知道
我在哪裡
餅乾
我得先
拋掉一個了。
現在是
3點1刻
有些辦法能**把資訊組塊**，讓它們變得比較好處理……
舉例來說，用
有意義的**日期**來記
數字比較容易……
1
9
0
8
2
0
1
6
1908
2016
……把字母記成
縮寫也容易多了。
P
H
D
C
E
O
M
D
I
H
O
P
PHD
CEO
MD
IHOP
……可是我們沒辦法
同時**處理太多資訊**。
絕對不能**邊**開車
邊傳簡訊！

心理學家阿蘭・巴德利（Alan Baddeley）的理論是：我們處理**語文訊息**的部分……

……與處理**視覺訊息**的部分是分開的。

我們有**內在聲音**……

……來處理聲音。

「她叫珍妮。」

「她從迪比克來的。」

「手機號碼是86753什麼的」

這叫**語音迴路**（auditory loop）。

我們也有**內在黑板**……

……來處理**視覺和位置**。

這叫**視覺空間寫生板**。

這個理論有助於解釋一些**奇特**之處，例如工作記憶如何處理**數字**……

……如何處理**字母**……

由於我們**處理聲音**的方式很特別……

……用**中文**比較好記。

……同樣的數字用**英文比較難記**……

百

萬

Ten Thousand

One Hundred

……我們比較容易忘記**聲音類似的字母串**……

……比較不會忘記**區別顯著的字母串**。

y f a q x
j t b g r
c p z v

……以及其他特定**認知限制**。

邊聽別人講話**邊畫畫很容易**。

了解。

邊聽邊寫字就難多了。

嗨！我叫**布姆齊傑・麥可福索森**。如果你跟我握手，我就給你**100萬**。

如果我們認為某項資訊**以後用得到**，我們就會把它從工作記憶那邊帶走……

……**編碼到長期記憶裡**。

長期記憶

不知是好是壞，這個過程既**不完整**……

我們經驗過的很多東西**根本沒被編碼**。

妳那時的**辮子**到底是怎麼**編**的啊？

……**又丟三落四**……

被編碼的資訊經常**漏掉細節**。

我記得那時被你的口紅**迷住了**，可是現在卻想不起它是**什麼顏色**。

……而且**充滿混亂**。

即使某項記憶已成功編碼，**之後要找出它**來常常很難……

……因為其他資訊會**擋路**。

我們約會那地方到底叫什麼來著？好像是**在那邊**哪個地方。

無論如何,這個過程已經算是非常**有效**……

我們**結婚紀念日**到底是哪一天?

到處搜搜,你一定**找得到**的。

……我們也有些方法可以加以**改善**。

整體說來,你越努力把某個概念和其他心理聯想連結起來……

如果你想記住我叫**麥克**……

……想像我騎輛Ubike……

……拿著麥克風唱饒舌……

……一邊挑戰麥克·泰森。

處理得多深入啊!

……以後就越容易**找出來**。

你現在有**引導搜尋**的線索囉!

Ubike　麥克風　麥克　麥克·泰森

記憶選手常藉由這點**增進記憶能力**。

我在腦海中建了一座想像宮殿……

……我會把相關概念擺進宮殿裡的特定房間。

然後,每當我需要想起那些概念,我會在心裡走回那些房間。

我的結婚紀念日是美國國旗日,6月14日……

……我太太長得像貝特西·羅斯

……有隻六月蟲在咬她頭

＊〔譯註〕貝特西·羅斯(Betsy Ross)咸信為美國國旗第一位製作者;六月蟲是甲蟲的一種。

53

長期記憶編碼之後，會形成**連結網絡**……

每次想到我的老狗**山姆**……

……我都想買**思樂冰**……

……思樂冰讓我想到**紅色**……

……紅色又讓我想到**吸血鬼**。

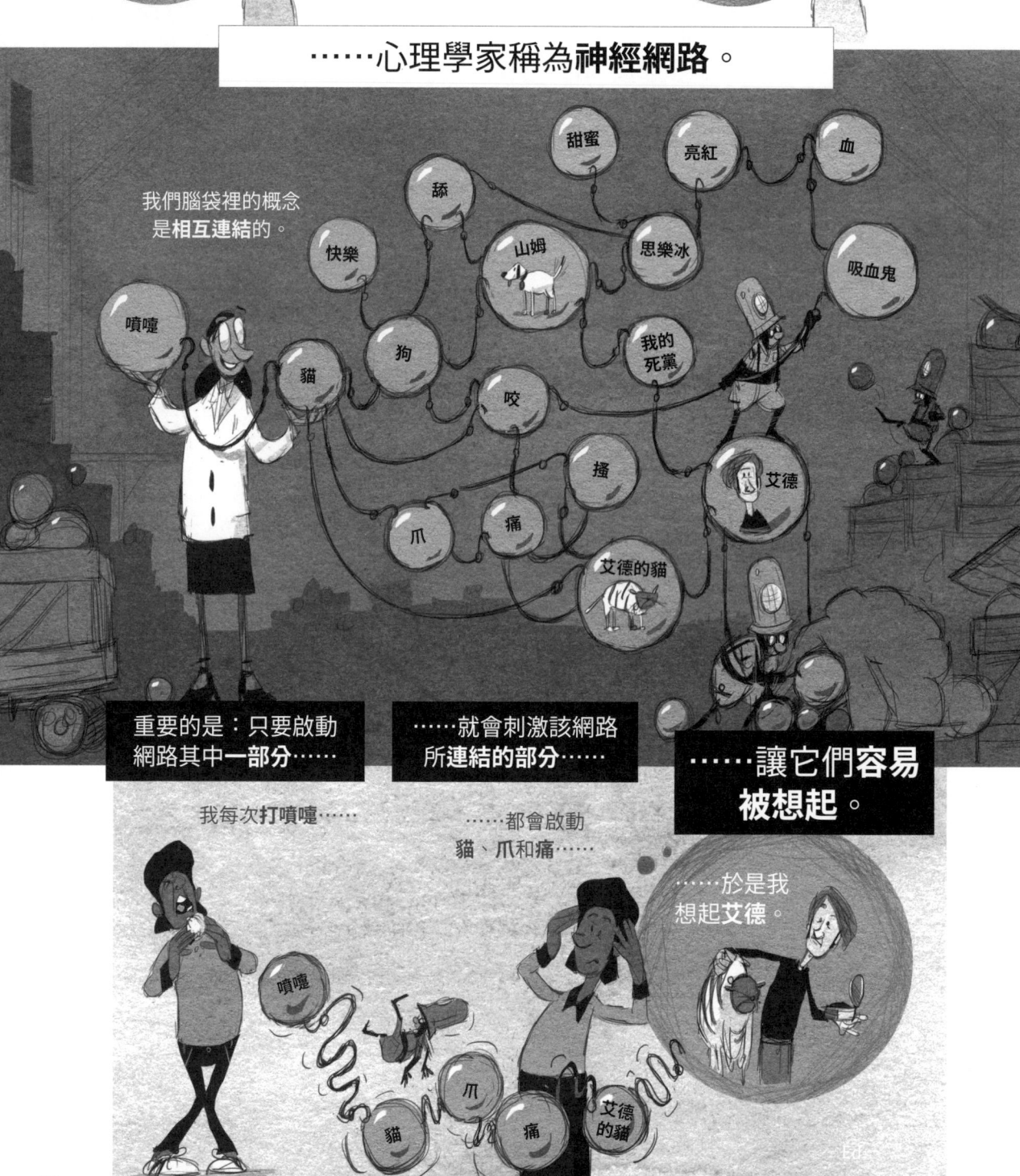

……心理學家稱為**神經網路**。

我們腦袋裡的概念是**相互連結**的。

重要的是：只要啟動網路其中**一部分**……

……就會刺激該網路所連結的部分……

……讓它們**容易被想起**。

我每次**打噴嚏**……

……都會啟動貓、爪和痛……

……於是我想起艾德。

這種效應稱為**激發**……

想到**特定**事物……

……能激發我們記起別的事……

……因為這兩個東西在我們腦中是相連的。

……它能影響**認知經驗的所有面向**，包括我們處理**視覺、聲音、氣味**的方式……

拜託別用**那種**香水。

玫瑰／火辣雙腿／那種香水／奶奶／假髮／假牙

……以及我們**對於事物的立即反應**。

第1章裡講的**由上而下**過程常是這樣發揮作用。

尾巴／條紋／貓／老虎

快逃啊！

這也能說明：為什麼我們學到特定事物的**場所**……

去接比利／辦公桌／漢堡王

壓力表／安全事項／潛水

……會深切影響我們能否好好記住他們。

我**在辦公桌**前接到比利電話，跟我說去哪接他……

……可是我現在**在車上**，我想不起來該去哪接他了！

我**潛水**時背了一些很重要的東西……

……但我一到**陸上**就想不起來了！

這叫**情境依賴記憶**。

時間一久，我們的神經網路會變得**極為複雜**。

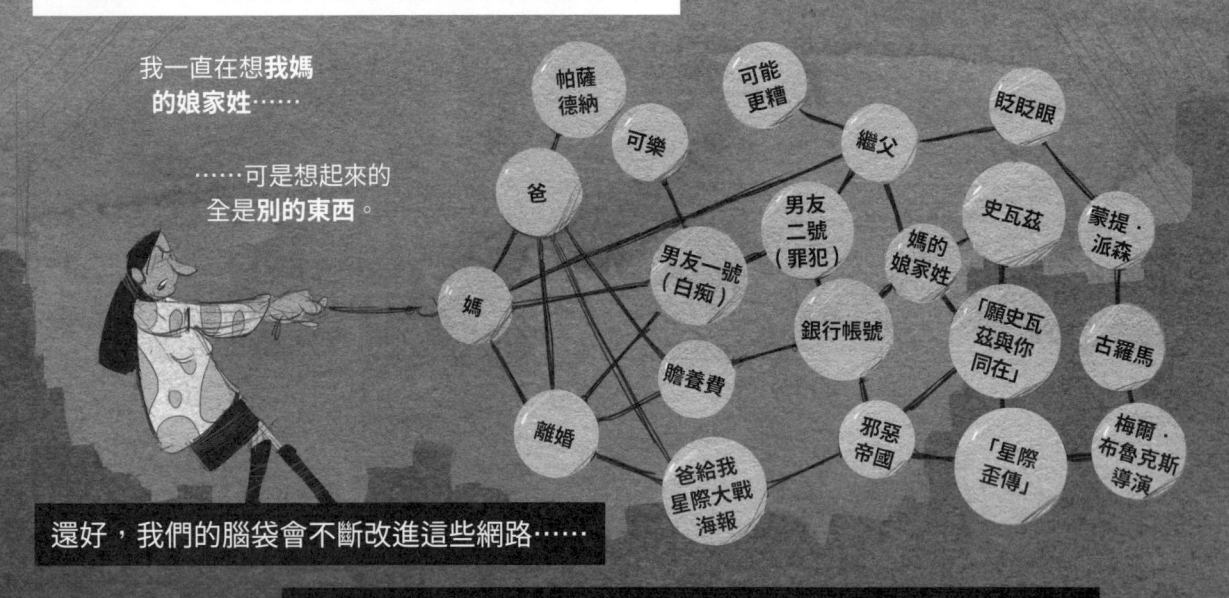

我一直在想**我媽的娘家姓**……

……可是想起來的全是**別的東西**。

還好，我們的腦袋會不斷改進這些網路……

……**方法是強化我們最常用上的連結**。

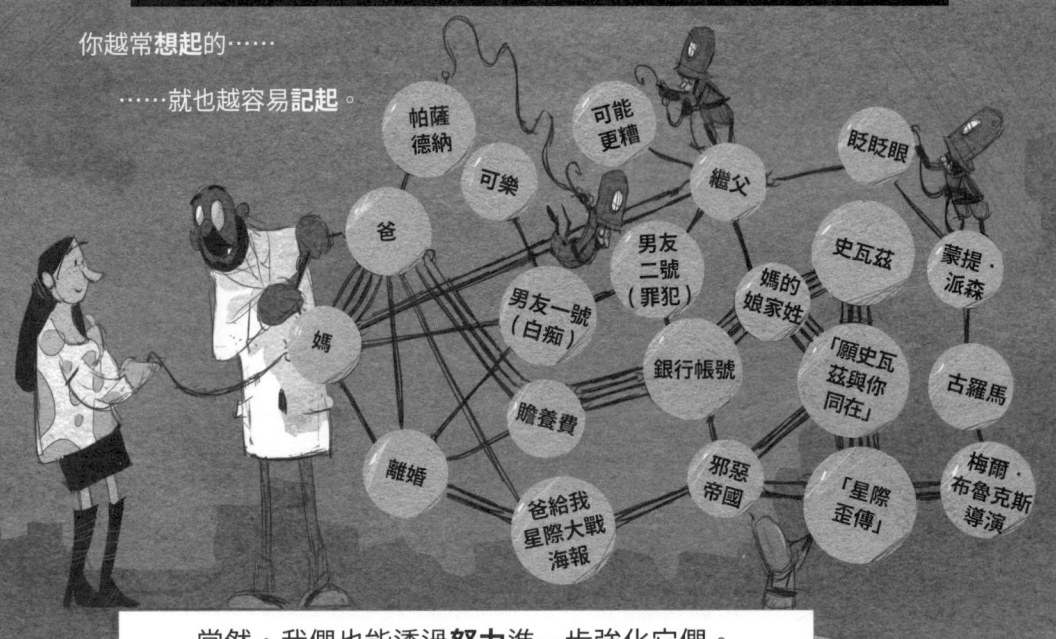

你越常**想起**的……

……就也越容易**記起**。

當然，我們也能透過**努力**進一步強化它們。

如果妳想好好記住媽媽的娘家姓，就把她想像成**這樣**。

願**史瓦茲**與你同在。

事實上，我們**越努力**提取特定記憶……

……以後就**越容易**提取它們。

一分耕耘一分**收穫**！

或許這能解釋為何**參加考試**比多花時間讀書更能延長記憶。

讓學生記下**一組事實**之後……

……給其中一半的學生**練習考**……

……給另一半的學生**多點時間讀**。

梵谷 = 星夜
竇加 = 芭蕾舞者
馬格利特 = 蘋果臉
達文西 = 蒙娜麗莎

時間到！

現在提取你的記憶吧！

吼！

簡單。

雖然多點時間讀**略微**有助於**短期記憶**……

……**長期**來看卻有**反效果**！

妳現在**多**學到**一點**了喔！

妳後來忘了更多！

（五分鐘後記得的比例：閱讀。閱讀 / 閱讀。考試）

（一週後記得的比例：閱讀。閱讀 / 閱讀。考試）

可惜的是，**似乎沒什麼人學到這一課**。

再來個**考試**吧！

不！要！

我們**第 5 章**談後設認知時，會再來談談這點。

缺點是，每當我們**強化特定連結**…… ……就會**削弱其他連結**。

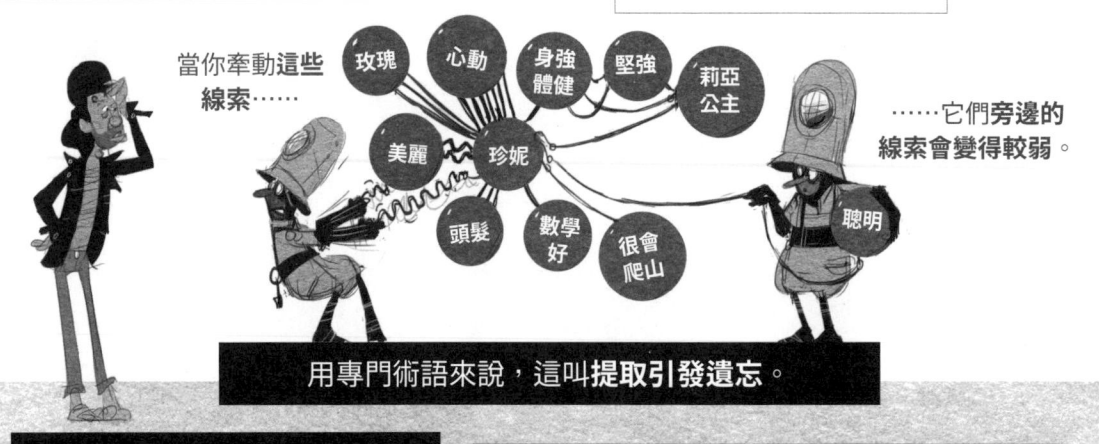

當你牽動這些線索……

玫瑰 心動 身強體健 堅強 莉亞公主 美麗 珍妮 頭髮 數學好 很會爬山 聰明

……它們**旁邊的線索會變得較弱**。

用專門術語來說，這叫**提取引發遺忘**。

如果我們記下**一組相關詞**…… ……**可是只練習提取其中幾個詞**……

蘋果 奇異果 水果 桃子 柳丁

好，哪個水果以「ㄆ」開頭？
蘋果！

哪個水果以「ㄊ」開頭？
桃子！

……**會降低我們提取沒練習的詞的能力！**

蘋果 奇異果 水果 桃子 柳丁

我還記得**蘋果**和**桃子**……
……但其他水果想不起來了。

雖然這種機制通常很有**幫助**…… ……但當我們真的**需要舊資訊**時，這會造成問題。

我幹麼去記**前三次**我停在哪裡。
我只要記得今天停在哪裡就好了。

愚人節 老婆生日 繳稅截止日 在四月 復活節

*&$#!

從更廣的層面來看，**遺忘是記憶發揮作用的必要結果**。

要是我**更聰明點**，
我念書時就能記住微積分了。

例如晚飯幫我們做什麼菜。

老爸，沒關係啦，
你有**更重要的事**得記。

當我們**遺忘**某些東西，
並不代表它們**不見了**……

……而是因為**其他記憶擠過來擋路**，
所以它們變得**比較難找**。

我想不起你
以前的樣子了。

你現在的樣子

最喜歡的馬可杯

薄荷茶

打空氣

鸚鵡

我放牙齒的地方

最喜歡的椅子

大金剛

大猩猩

森林

你呼吸的氣味

你的牙齒

任天堂

你那時的樣子

孫子孫女

超級瑪莉

我的奶奶

Jay Z 的牙齒

狄更斯

巴哈

我的第一隻狗

冷笑話

「汪」

人為什麼在**以為自己完全忘掉某件事**時……

……會突然因為某些線索而**記憶湧現**，
原因正在於此。

小時候的事我一點兒
也不記得了。

我的泰迪浣熊！

> 所以，我們**信任自己的記憶**到什麼程度呢？

我們蜜月是去拉斯維加斯。

才怪！我們是去巴黎！

不知是好是壞，在編碼記憶時，我們總會遺落細節……

這次蜜月旅行好**浪漫**啊！

……於是，我們之後提取記憶時，也總會用相近的事填補空白。

請問你們是去哪裡度蜜月？

快啊！我們得趕快找個跟浪漫有關的**地方**！

這個應該可以。

浪漫　燭光　紅酒　艾非爾鐵塔　巴黎　拉斯維加斯

結果就是：我們的記憶經常被眼前的關聯扭曲……

我一直都是精心打扮呢！

少來，妳大學時連腿毛都不刮。

我一直很討厭熱狗。

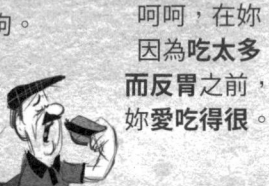

呵呵，在妳因為吃太多而反胃之前，妳愛吃得很。

……所以，我們以為真的發生過的事，常常是新東西混搭舊東西的拼裝物。

我們一直看彼此不順眼。

其實我們結婚前很相愛的。

欸，你看，原來我們蜜月是去紐華克！

啊，對耶，我們那時覺得那裡很浪漫。

這可能帶來**令人困擾**的後果。

我們的記憶可以被**操弄**。

舉例來說，有些研究顯示：讓受試者看**車禍影片**……

哇啊啊啊啊啊啊啊啊！！！

……**看完後立刻詢問特定問題**……

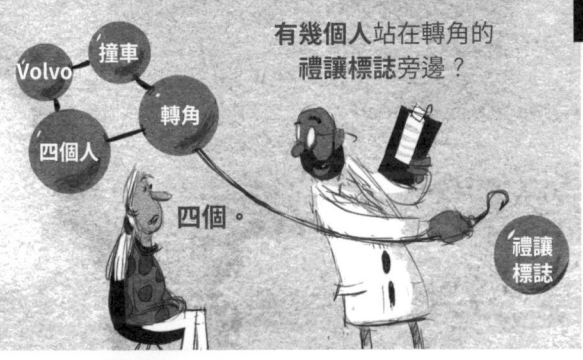

有幾個人站在轉角的禮讓標誌旁邊？

四個。

……這些問題的問法，會讓他們**以後回憶時想起根本沒發生的細節**。

我記得有四個人站在禮讓標誌旁邊。

影片裡根本**沒有**禮讓標誌。

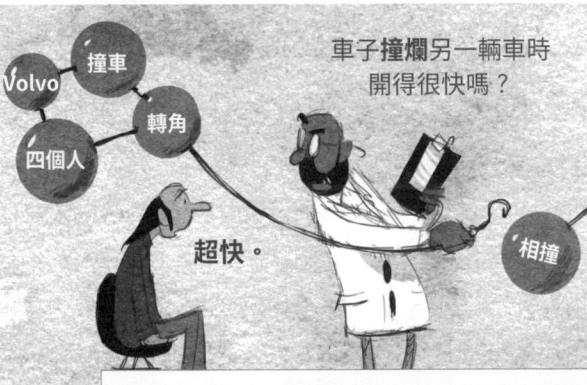

車子撞爛另一輛車時開得很快嗎？

超快。

車子撞爛時，碎玻璃散了一地。

根本**沒有**碎玻璃。

所以，每當我們回答這種**引導性問題**，我們可能都**在自己的記憶中加進細節**……

那個拿麵糊丟你、拿糖霜撒你朋友、又偷你麵團的嫌犯多高？

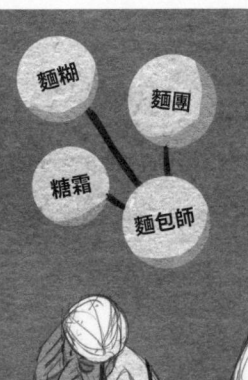

……對**刑事司法**來說，這會造成**嚴重問題**。

一定是他。

61

總而言之，記憶**就像傳話遊戲**。

離源頭越遠⋯⋯　　　　⋯⋯就越不可靠。

刺蝟爬進罐子裡。　　　　　　　　　　　　熱狗掉進果醬裡？

我們記得的東西並**不像快照**。

它比較像我們就發生的事對自己講的**故事**。

那條魚超**頑強**，力氣超大，我**幾乎**拉不上來。

而且牠**有夠大尾**，差點跳出船外。

由於每次**啟動神經網路都會改變它**⋯⋯

⋯⋯**講古的確會改變我們的記憶**。

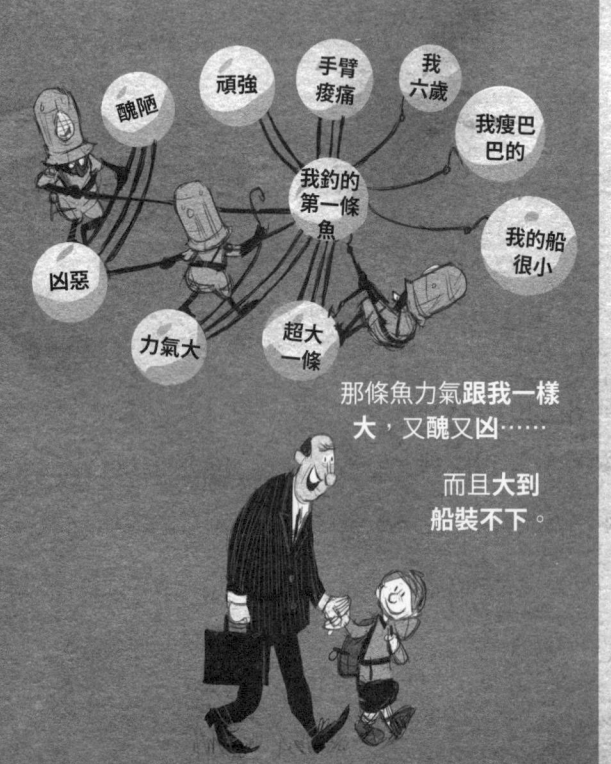

醜陋　頑強　手臂痠痛　我六歲
我釣的第一條魚
我瘦巴巴的
凶惡　　　　　　　我的船很小
力氣大　超大一條

那條魚力氣**跟我一樣大**，又醜又凶⋯⋯

而且**大到船裝不下**。

我釣過一條跟那隻**一樣大**的魚。

真的，我有釣過。

62

第4章
思考

讀到這裡，我們已經學到我們如何了解自己**直接經驗到的**事。

可是，世上到處都是**我們之前未曾遇過的**事……

……而我們也需要**了解它們**。

那是什麼東西？

不知道，但我很確定我們該**逃**！

所以在這一章裡，我們要談談**我們怎麼思考自己未曾經驗過的事**。

我們怎麼知道它來意不善？

範疇化！

捷思法！

假設檢驗！

展望理論！

我們接下來會看到，這是個**挺混亂的過程**，原因在於**一個鐵一般的事實**：

我們的心理能力**有限**。

還記得第3章談過的嗎？
我們的**工作記憶**⋯⋯

⋯⋯只限於**大約七個資訊單位**。

為了讓心理運作發揮最大功能，我們不斷試著
節省心理資源。

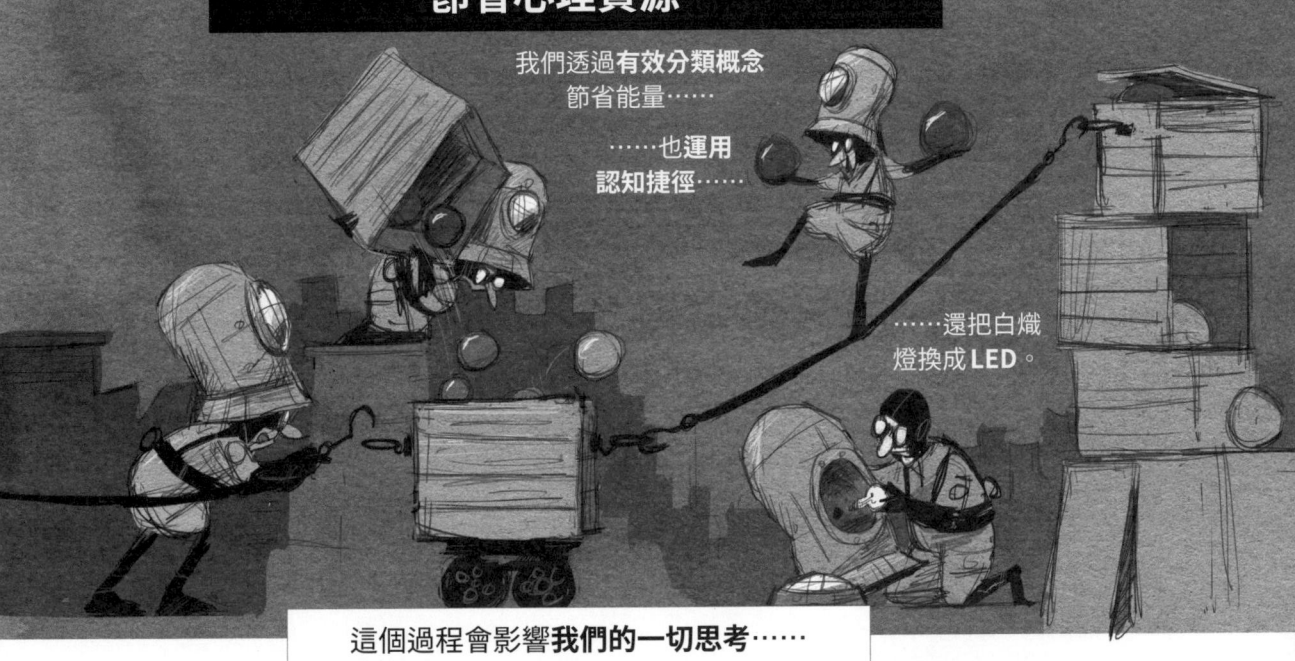

我們透過**有效分類概念**
節省能量⋯⋯

⋯⋯也運用
認知捷徑⋯⋯

⋯⋯還把白熾
燈換成 **LED**。

這個過程會影響**我們的一切思考**⋯⋯

妳為什麼考
不及格！？

⋯⋯不論我們思考的**是什麼**。

因為我很會**節省
心理資源**。

記住這點之後，就來看看我們
是怎麼處理**範疇**的吧！

我們在世界上遇見的很多東西，都能用它們的**共同特點分組**。

看起來像**這個**的東西……
……而且會哞……
……而且可以**擠奶**……
……是**牛**。

看起來像**那個**的東西……
……而且會吼……
……而且會暴衝……
……是恐怖的叢林大貓。

由此而生的**心理範疇**能幫助我們**預測其他特徵**。

只要發現**那些**特點之一，就別找牠**擠奶**喔！

奶／哞／吼／暴衝

當然，這並不保證我們的心理範疇**永遠正確**……

我覺得這東西很**可愛**，也軟軟的，好想**摸一下**喔……
……可是這種東西會咬人。

……但它們真的很**有用**，我們也一直在**建立並修正它們**。

壞／可愛／軟／摸

那麼，**好的**範疇應該具備哪些條件呢？

一般說來，範疇**太廣**……

這是個**東西**。

喔，那也是個**東西**。

……**沒什麼用**。

不行，要是什麼東西都叫東西，你就**分**不出來什麼東西不是東西。

範疇**太窄**……

這是11根樹枝、西傾、27,489片樹葉的細長多年生植物。

……記下來得花**太多精神**。

這是13根樹枝、東傾、43,843片樹葉又被刻圖案的木質生物。

細分到13根樹枝、東傾、43,843片樹葉又被刻圖案的木質生物，會見樹不見林！

這可以說明：為什麼當你要人**指認四周的東西**時……

車！

石頭！

狗！

呃……老鼠！

呃……**狗**！

他們多半會用**介於兩個極端之間的最佳打擊點**來指稱。

太廣　　　　剛剛好　　　　太窄

動物　　狗　　狻犬

交通工具　　車　　福特經典款

食物　　麵　　螺旋麵

植物　　樹　　山胡桃樹

可是，**我們的心智是怎麼判斷的呢？**

67

答案是**認知經濟性**原則。

我們會努力以**最少的腦力**得到**最大的效用**。

記住**越多範疇**通常**越有用**……

……但我們可不想**浪費精力**把多餘的範疇記在心裡。

知道狼和哈巴狗的區別很重要……

……所以要把它們放進**不同範疇**。

不值得多花精神區分其他狗。

野生動物 — 狐狸、狼、會吃我

狗 — 哈巴狗、不會咬我、老鼠狗、柯基、史努比、大丹犬

為了將效率極大化，我們的心智會**在兩個競爭的目標之間求取平衡**……

我們要更多範疇才**方便**！

我們該減少範疇來節省精力！

……直到它定在我們熟悉的**基本範疇**上。

把它們想成**樹**就可以了。

這能把這些相似的**高大木質植物**一網打盡……

……這能減輕你的負擔，讓你能多花點心思留意**那些會吃你的東西**。

範疇的運作原理完全符合我們學過的**神經網路**。

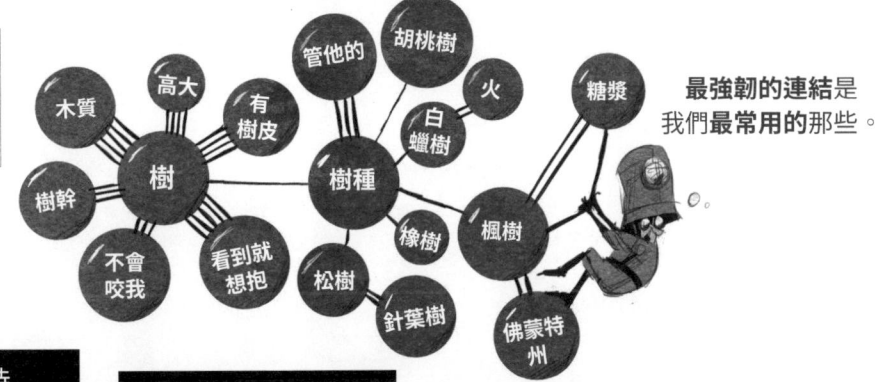

木質 / 高大 / 有樹皮 / 管他的 / 胡桃樹 / 火 / 糖漿
樹幹 / 樹 / 樹種 / 白蠟樹
不會咬我 / 看到就想抱 / 松樹 / 橡樹 / 楓樹
針葉樹 / 佛蒙特州

最強韌的連結是我們**最常用**的那些。

當我們見到東西時看出共同特徵……

它們看起來好像。

它們都有樹幹、樹枝和葉子。

……會強化特定心理連結……

……並削弱其他連結……

有些樹皮粗糙……

……有些樹枝彎曲。

可是全都是樹。

……最後，我們的注意力會集中在非常熟悉的整體範疇上。

我看到樹時，會知道那是**樹**……

樹！

……可是，我就是記不起**橡樹**和**楓樹**的區別。

橡樹 / 楓樹

範疇形成之後，就能幫助我們了解**以前從沒遇過的東西**……

那個東西是什麼？

它有樹幹和樹枝，可是**沒有葉子**。

所以**它不可能是樹**！

……但當然，我們無可避免會因範疇犯錯。

男生是**短髮**。

女生留**長髮**。

如果你剪短髮，你就**不可能是女生**。

我們會在第12章進一步解釋**刻板印象**。

69

我們在了解世界時，經常會**拿已經知道的事**……

……去**評估和推測自己不知道的事**。

我喜歡起司……

……我也喜歡**通心粉**。

那我會喜歡通心粉加起司嗎？

理想上，我們這樣做時應該像台**超級電腦**……

……整合**所有可以得到的資訊**做出**最佳決定**。

我是**理性人**！

如果我用美食評鑑分數的平方乘以價格，再加上鮮味評鑑得分的對數，然後取47分以上的……

……那就是**正確決定**。

然而在現實生活中，我們必須處理的資訊經常**超出能力範圍**……

……於是我們抄並不完美的**心理捷徑**加以回應……

這菜單看得我**頭都暈了**！

你可以**減少**你所考量的資訊量……

……或者**降低**你想這件事的思考量。

這叫**捷思法**。

很重要的是，雖然捷思法可以**節省心理能量**⋯⋯

⋯⋯它也會**扭曲我們的判斷**。

我就別費神**看完整本菜單**吧！

他只點了**開胃菜**。

這可以解釋為什麼心理學家這麼愛**給它們取名**。

觀眾反應捷思法、品牌捷思法、從眾捷思法、國籍捷思法、辨識度捷思法、唐倫捷思法、不傷害捷思法、努力捷思法、代言捷思法、等重捷思法、專家捷思法、字序捷思法、可能性捷思法、極簡捷思法、義憤捷思法、峰終捷思法、價格捷思法、優先性捷思法、快速捷思法、有限性捷思法、擇優捷思法、熱光捷思法、利弊權衡捷思法⋯⋯

就叫它**命名捷思捷思法**吧！

最重要的捷思法之一是
便利性捷思法：

我們往往傾向把某些事情想得**更可能發生**⋯⋯

我才不去海裡咧！

⋯⋯**只因為我們更容易想到這些事**。

妳看過《**大白鯊**》或《**巨齒鯊**》嗎？

結果就是：我們往往是以**次佳資訊**（suboptimal information）做決定。

其實哟，每年**被販賣機弄死的人比鯊魚還多**。

哇！

他們應該拍部《**巨齒販賣機**》！

另一條心理捷徑叫
定錨捷思法：

船長，我們還得在這港裡耗**多久**啊？

不知道耶，也許**99天**吧？

船錨出售：
$99.99

在我們需要**評估價值**時……

……我們傾向**以自己剛剛聽見的其他數字為評估定錨**……

您願意出多少價買這輛車呢？

不知道，30,000美元吧？

那個業務員說33,000美元，應該不會差太多。

……即使這些數字和我們要做的判斷**完全無關**，也是一樣。

我**98磅重**，你猜我幾歲？

不知道，**70歲**？

我**7石重**，妳猜我幾歲？

不知道，**25歲**嗎？

同樣地，這能**節省心理能量**……

……但當我們**用錯錨**，就會造成問題。

你覺得該花**多少錢買這瓶紅酒**？

嗯……它是**波爾多赤霞珠葡萄釀造的，年份很好**……

……我想可以出**99美元**。

這酒是**廉價品**！

我**33歲**！

其實你出**20,000美元**就能買下這台車了。

72

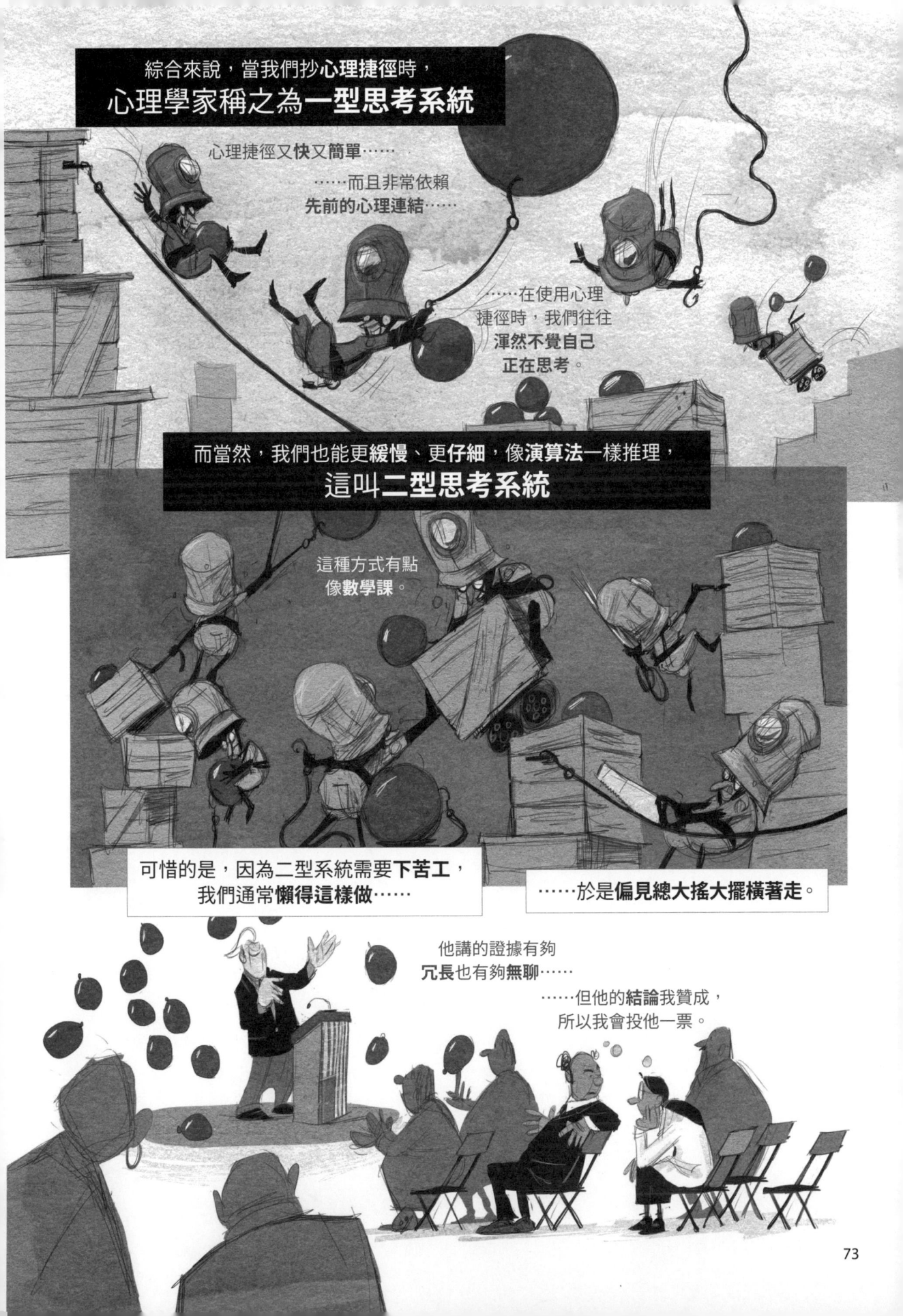

綜合來說，當我們抄**心理捷徑**時，
心理學家稱之為一型思考系統

心理捷徑又**快**又**簡單**……

……而且非常依賴
先前的心理連結……

……在使用心理
捷徑時，我們往往
**渾然不覺自己
正在思考。**

而當然，我們也能更**緩慢**、更**仔細**，像**演算法**一樣推理，
這叫二型思考系統

這種方式有點
像**數學課**。

可惜的是，因為二型系統需要下苦工，
我們通常**懶得這樣做**……

……於是**偏見總大搖大擺橫著走**。

他講的證據有夠
冗長也有夠**無聊**……

……但他的**結論**我贊成，
所以我會投他一票。

二型思考系統了解世界的方式之一，是積極**檢驗假設**。

來！我們去挖些新資訊出來，**挑戰一下我們現在的看法吧！**

可是，雖然這是**科學研究的關鍵**，在人生其他時間，我們這樣做的能力**奇差無比**。

這是科學方法……

……但對我們的大腦頗傷。

首先，我們都很容易掉進**確認偏誤**，

亦即，我們傾向只看能支持我們既有信念的證據。

大象好聰明喔……
……看看牠們**睿智的眼神**。

大象壞透了……
……看看牠們**尖利的大牙**。

這既能影響我們如何**收集證據**……

我在讀《你不知道的厚皮動物：聰明敏銳篇》。

我買了《你不知道的厚皮動物：老奸巨猾篇》。

……也會影響我們如何**詮釋證據**。

一定是那個人貪心，侵犯到牠的領域。

一定是那頭象貪得無厭，侵門踏戶闖進人的領域。

插播最新消息：有隻大象剛剛踩到人。

確認偏誤無所不在，研究顯示：**我們看運動比賽的方式……**

……**還有看政治辯論的方式……**

猛虎隊對大綠隊！

大象對驢子！*

……都取決於**自己支持的是哪一方**。

他們作弊！

我們贏了！

換句話說，因為我們會為自己**信念配上經驗**……

還記得嗎？我們越常**啟動**的神經網路會變得越強韌……

道德
共和黨
慷慨
友善
我喜歡
大象

……所以我們會用它們來詮釋新的事實……

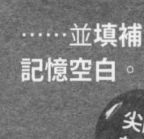

……並填補記憶空白。

尖酸刻薄
有錢
共和黨
奸猾
我不喜歡
大象

……所以在**檢驗自己的想法**時，我們常常只是在**確認自己已經相信的觀點**。

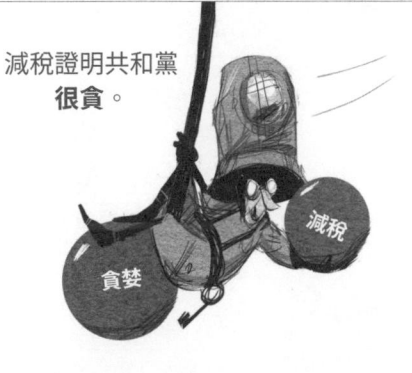

減稅證明共和黨**有智慧**。

減稅
智慧

減稅證明共和黨**很貪**。

貪婪
減稅

*〔譯註〕美國分別以象與驢代表共和黨與民主黨。

75

最後，還有其他偏見會影響我們**評估風險**。

這是**展望理論**的範圍……

……關於我們怎麼評估**展望**。

首先，我們通常**不善於評估可能性**。

這**百分之百**是匹好馬！

你全都**精算**過了嗎？

我們高估不太可能的事……

被鯊魚咬死的機率只有**兩億五千萬分之一**。

我就是**不下水**。

……**也低估滿有可能的事**。

來另一場颱風的機率是98%！

我就是要在**這裡重蓋**。

最重要的是，我們評估得失的角度經常會**隨情境改變**……

撿到1,000元，感覺超爽！

掉了1,000元，有夠鬱卒……

……反正贏了樂透，區區1,000元算什麼？

……連襯衫都被搶，掉了1,000元又怎麼樣？

……這也會對我們**做經濟決定**的其他要素產生影響。

會吸引我們**出門搶購**的……

……是降價20元的**50元烤土司機**……

……不是降價20元的**20,000元的車**。

可是，這兩種情況不是都能**省20元**嗎？

76

知道我們有多討厭損失，你一定會大吃一驚。

我無論如何都**不想輸**。

這叫**損失厭惡**！

我們大多數人都喜歡遇到**這種情況**……

……而非這種……

……雖然**結果**是一樣的。

哇！撿到 10 塊！

哇！又撿到 10 塊！

哇喔！一次**撿到 30 塊**！

天啊！**掉了 10 塊**！

不論哪種情況，妳手上最後都有 20 塊啊！

因為我們避免損失的欲望非常強……

我在黑傑克酒吧**贏**了 500 元……

……後來又**掉**了一張 500 元鈔票……

……結果我**心情比一開始還糟**。

……**涉及風險的決定深受它怎麼被呈現影響**。

如果賭局強調的是**損失**，我們更可能**賭一把**……

……如果賭局強調的是**獲得**，我們會比較**保守**……

……雖然機率是一樣的。

這裡是 5000 元。您願意**損失**一半呢？還是擲銅板拚輸贏？贏了全拿，輸了全沒。

我才不想有損失，我要**賭一把**。

這裡是 5000 元。您願意**留下**一半呢？還是擲銅板拚輸贏？贏了全拿，輸了全沒。

還是安全一點好了，我留下 2500 元就好。

不論是哪種情境，您都只有兩種選擇啊！要麼是直接**拿 2500 元走**，要麼是賭一把拿 5000 元或一塊錢也拿不走。

在賭場之外，也有不少決定會受**框架效應**影響。

這地方發生水災，很多災民流離失所，我們應該**有辦法救出一些**。

總統先生，您希望我們怎麼**呈現各種選項**呢？

77

總之，不論我們**思考**的是什麼課題，**我們通常會抄心理捷徑。**

雖然這些捷徑有助於我們**節省心理能量**，它們也會把我們**領入歧途**。

最簡單的方法是一直往右轉。

但你要是一直往右轉，你會**永遠**都在這裡打轉！

我們接下來會看到：這種追求認知效率的本能，也會影響我們如何看待**自己**。

你是**認知小氣鬼**！

我知道你是啊，但我是什麼呢？

Part 2
了解自己

第5章
後設認知

妳怎麼**知道**……
　　……妳**知道**……
　　　　……妳**知道**什麼？

還有，妳怎麼**知道**……
　　……妳**不知道**什麼？

我們不只會**思考**。

我們也**思考**「**思考**」這件事。

我有個**想法**！

這叫**後設認知**。

可是，**我們有多善於思考「思考」呢？**

我**知道**些什麼？

這叫**後設知識**。

我能**記得**些什麼？

這叫**後設記憶**。

這一章要討論的是**我們的自我評估**……

……並探究**這些評估可不可靠**。

我**思考**，所以我**存在**。

但想出這個並**不能**讓你更**值得信賴**。

在記得你**向來**知道的事上，你表現得**不算太差**。

但在記得你本來**不知道**的事上，你表現得**很爛**！

雖然我們對「我知道些什麼？」的整體認識還算正確……

問題範圍有植物學類……
……量子物理類……
……還有棒球類。

我選最後一種。

……但我們有某些**系統性偏見**，其中不少與**過度自信**有關。

棒球的事我**全都知道**。

首先，如果我們知道自己**很容易能得到資訊**，我們常傾向以為**自己真的知道這件事**。

好的，請問棒球傳奇**油罐波伊**的綽號是怎麼來的？

我知道！我現在Google一下就知道！

換句話說，我們把「我現在就查得到」的感覺……

……誤解成「**我記得很清楚**」。

我是**全校最聰明的學生**！

我們看看沒有書的話你多聰明吧？

類似的謬誤還有**很多**……

我們也傾向**高估自己了解事物多深**。

這叫**解釋深度的錯覺**！

如果我們知道某物的**作用**何在……

那玩意兒就降溫的嘛！你白痴啊？

……也知道它的**組成部分**……

不就是個有電線又有風扇的**箱子**！

……我們會以為自己夠**了解它**了……

廢話！我當然知道**冷氣是怎麼運作的**！

……至少在別人要求我們**證明**之前，我們是這樣想的。

您可以**畫給我看**嗎？

小case，當然沒問題！

這裡是空氣進來的地方，然後**差不多**在這裡降溫……

……呃……

換句話說，我們光是知道**表面知識**……

……就**也**傾向認為**自己相當在行**。

我當然懂**政治**啦……

……我會去投票耶！

政治就像**做香腸一樣**。

講得太好了！我提名**自己選總統**！

……這又與另一個**更驚人的偏見**有關。

我們對自己的知識整體上過度自信。

我確定我十題對九題。

其實你十題只對七題。

研究一再證明這種現象：

你們覺得自己答對**瑣碎問題**＊的比例多高？

我鐵定能答對九成。

其實你只答對七成左右。

這位兄台好有自信啊！**答對九成的是我才對吧～**

其實你的平均答對率只有**五成**。

我們評估自己對一般課題的知識時……

……我們的**自信通常超過實際情況**。

拼字正確率呢？

九成答對！

八成。

我能答對七成吧？

六成。

這一類的偏見會影響各式各樣的判斷，從我們如何錯估自己對事物影響力……

我是沒**中過樂透**啦。

但**號碼要是讓我來選**，鐵定更可能中。

這叫**控制錯覺**！

……到**我們規劃時間的能力多差**，都是如此。

我確定**一個小時就能畫完**。

不可能～這叫**規劃謬誤**！

遇上比較複雜的工作時……

我們都**以為自己能比實際上更早完成**。

奇怪，我明明**四個小時**前就覺得快畫好了！

＊〔譯註〕瑣碎問題指的是類似益智問答的問題。

在這光譜背後的原理是：**懂得最少的人**通常**最無法察覺**自己懂得多少。

其實妳被**當掉了**。

我有自信考**一百分**。

很多研究都觀察得到這種結合……

我會的詞多得**罄竹難書**啦，超屌！

我博學多聞到**笑死人**。

我**多才多藝**又**有自知之明**。

其實你**笨手笨腳**又**毫無自覺**。

這叫鄧寧—克魯格效應！

……啟發科學家設計出這些實驗的，正是現實世界裡一些**驚人愚蠢**的例子。

檸檬汁可以當隱形墨水……

……所以我**搶兩間銀行**時都在臉上抹檸檬汁。

從某個角度來看，這種**結合**其實**很有道理**……

……但**沒那麼白痴**的人應該引以為戒。

如果你的**後設認知**一塌糊塗，你不會發現自己需要**改善認知**。

不論你**是對是錯**……

……覺得自己懂得某件事的感覺是**一樣的**。

幾乎每個人都認為自己的能力高於平均值……

……這顯然代表有一部分人一定錯了。

我**打牌**打得比一般人好。

你的**銀行**存款不太同意你的看法。

被問到自己**跟別人比起來**能力如何時……

……我們常只看自己，**忘了別人**。

我投球**很強**！

我覺得自己是**箇中翹楚**。

所以，如果被問到的事感覺起來很簡單，我們傾向以為自己的表現優於平均……

我比大多數人**更會開車**……

……有**動力方向**的車開得尤其好。

……但要是被問到的事感覺起來很難，我們往往以為自己的表現低於平均。

我比大多數人**更不會雜耍**……

……**邊下棋**邊雜耍時尤其差。

這把我們帶到下一個主題：**流暢度**。

87

當某種資訊**感知與處理**起來又**快又簡單**時⋯⋯

⋯⋯我們傾向**更信任**它。

這座新橋**形狀**就像**俯衝的天鵝**。

您想走看看嗎？ OK！

相反地，當處理某種資訊得花**更多認知精力**時⋯⋯

⋯⋯我們傾向**更感疑慮**。

這座新懸臂橋是以**卡鉗**對**收縮係數**進行校準。

您想走看看嗎？ 呃，下次再說好了。

認知流暢度（cognitive fluency）的高低會影響我們**很多決定**⋯⋯

⋯⋯**政治**上是如此⋯⋯

那個嘴砲王又當選了!? 嘴砲好搏版面咩。

⋯⋯**財務**上是如此⋯⋯

取名 POC 的股票一開始會賣得比叫 XKF 的好。

⋯⋯**藥品**上也是如此⋯⋯

別叫它乙醯胺酚⋯⋯ 叫它**普拿疼**。

⋯⋯但我們之所以會演化出這種傾向，原本是因為它**有助於生存**。

很常見的東西⋯⋯ ⋯⋯**不必浪費精力**把牠趕出洞穴。

光是**重複**就能提高**認知流暢度**。

這說明了**廣告商**為什麼會**一再重複他們的訊息**。

我們**越常**處理某個連結⋯⋯

⋯⋯它就變得**越容易處理**。

我本來超討厭這首廣告歌，**現在**倒挺喜歡的。

深海泥**超神奇**⋯⋯
深海泥**好棒棒**⋯⋯
把它抹遍全身⋯⋯
⋯⋯它會抹去皺紋。
回春之寶深海泥！

概念 #1　概念 #2

更詭異的是，即使是不斷**重複否定訊息**，流暢度也會提高。

這位嘴砲候選人既**不**聰明⋯⋯
⋯⋯也**不**用心⋯⋯
⋯⋯更**不**愛國。

聰明　幹話　嘴砲　用心　愛國

嗯。

換句話說，一直聽見某個東西是**假的**⋯⋯

⋯⋯**會讓你覺得它是真的。**

研究顯示深海泥**不能減少皺紋**。

不管哪牌深海泥，都給我來一瓶⋯⋯

⋯⋯**我想減少皺紋。**

很嚇人吧？不過，我們知道**神經網路**就是這個樣子。

我們經常**遺漏細節**⋯⋯

⋯⋯後來再拿些東西補上。

不

超神奇　好棒棒　廣告歌讚
減少皺紋　深海泥
抹去　黏滑

89

我們再次見到**心理連結**有多強大……

……只要多給一點**時間**……

哇呀呀呀！

孩子，別怕啊！
不是每隻狗都會咬人的。

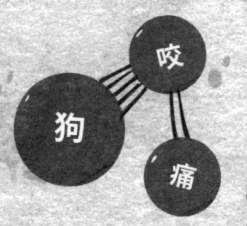

咬
狗　痛

……就能**擠開**較弱的連結。

不是每隻**狗**都會**咬人**。
不是每隻**狗**都會**咬人**。
不是每隻**狗**都會**咬人**。
不是每隻**狗**都會**咬人**。

好，
我知道了。

哇呀呀呀！

不過，我們**預見**這個問題的能力好不好呢？

爺爺，**時間**對記憶影響多大啊？

不算大，小丫頭。

拿這個例子來說，雖然我們**對自己能記得多少**的整體判斷不算太差……

我不必**寫下**您點的菜。

OK，我點**漢堡**。

……我們還是難以突破一個侷限：我們**將非預期事件納入考量**的能力並不算好。

你幹麼上魚湯啊？

抱歉！一看到廚師**切到指頭**，我就忘了您點什麼了。

90

說得更細一點，我們經常以為：如果某個資訊**現在處理起來很容易**……

之後要回想起來也很容易。

親愛的家豪，我滿腦子想的都是你。

我讀完大學回來以後，妳還會記得我嗎？

當然！

無奈我們預期能力不佳——我們以後如何想起**某些事情**，其實會因很多因素改變……

例如**我們可能多常碰到類似的資訊**……

伯豪　志豪　嘉豪　家豪　建豪　子豪　書豪

我當初超肯定我會記得他**名字**……

……可是後來我又跟**志豪、伯豪、子豪、建豪、嘉豪**在一起……

……另外，**特殊經驗也可能影響我們的思考。**

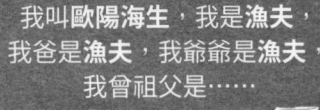

我叫**歐陽海生**，我是**漁夫**，我爸是**漁夫**，我爺爺是**漁夫**，我曾祖父是……

這人超沒特色。

這些因素會**在後設認知中造成可預期的錯誤。**

你把我忘得一乾二淨？

抱歉，志偉，我把高中時交的男朋友**全**忘了……

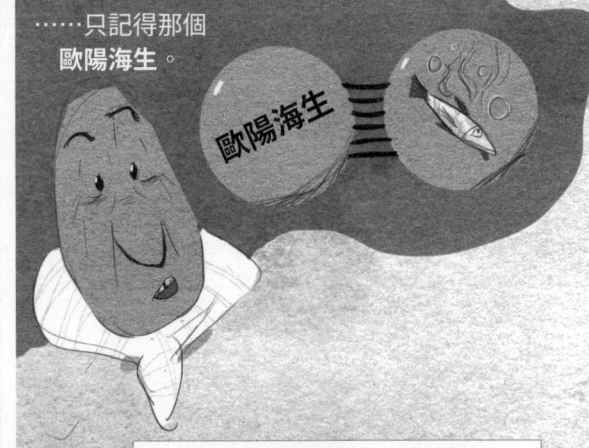

……只記得那個歐陽海生。

歐陽海生

這讓我們得**問另一個問題。**

我們已經看到**認知流暢度**會怎麼影響我們的**判斷**……

……但它會影響我們的**記憶**嗎？

想起他對我來說是**小菜一碟**。

所以她這麼喜歡他啊！

想起他對我來說是**小菜一碟**。

這有助於她**記住他**嗎？

一方面，如果某件事很容易想起，我們會傾向認為**自己會記住**……

……不過，這可**不一定**。

看吧，我就說我一直都是科幻小說迷。

山姆・芬克貝納，我永遠愛你。

另一方面，就編碼長期記憶來說，**努力就有收穫**……

給我記下來！

我們記憶營標榜
一分耕耘一分收穫！

……如果某個連結感覺起來**不舒服**，它會激勵我們多花力氣去記。

不必記住牛，
牠們不會吃你。

這隻才是
生死大事！

利牙

爪子

恐怖叢林大貓

鬍子

條紋

斑點

其實研究顯示：把問題改成**模糊字體**給我們看⋯⋯　　　⋯⋯常能促使我們**想得更深**。

每種動物摩西各帶幾隻上方舟？

等等，好像哪裡怪怪的。

這是陷阱題！

不是摩西，是挪亞！

水啦！你們用了**第73頁**的**二型思考系統**！

其他證據也指出：**額外付出努力**⋯⋯

背起來！

唉。

我**恨透了**這個記憶營。

⋯⋯也有助於我們**記得更熟也更久**。

等你們拿到**成績單**就會感謝我了。

救人喔！

這就是**第53頁**說的**深度處理**！

當然，對於**太傷腦筋**的東西，我們根本不會費事去記⋯⋯

⋯⋯可是**適度增加難度**，似乎的確能增進**學習效果**。

詹姆斯·喬伊斯真不是人讀的東西⋯⋯

⋯⋯就算把《尤利西斯》整本模糊化也無濟於事。

最新改良版《漫畫心理學》⋯⋯

⋯⋯置入輕微電擊以增加學習效果！

最後，我們思考自己的思考時最大的**盲點**或許是……

……我們一旦知道了某個環節，就很難回憶起**還不知道時**的情況。

你一旦知道是怎麼變的，魔術就**沒意思了**。

這是因為：一旦某個概念**融入我們的連結網路**……

……我們就不再能設想該網路**沒有它時**是怎麼運作的……

帕爾默去了**王子鎮**……　……這讓我想到**王子**……
……王子又讓我想到**紫色**。

沒了**王子鎮**，我怎麼從**帕爾默**聯想到**紫色**呢？

結果就是：每當**學到新的東西**……

……我們就傾向**認為自己一直知道這些事**。

妳聽說了嗎？

珍妮**搶了艾蜜莉的男朋友**！

我**早就知道**她是爛人。

這叫**後見之明偏誤**！

在**某些事發生**之後……

……我們就傾向忘記自己當時面臨的**不確定感**。

我的馬贏了！

我一直認為牠會贏！

是喔？那你當時幹麼一直**咬指甲**？

94

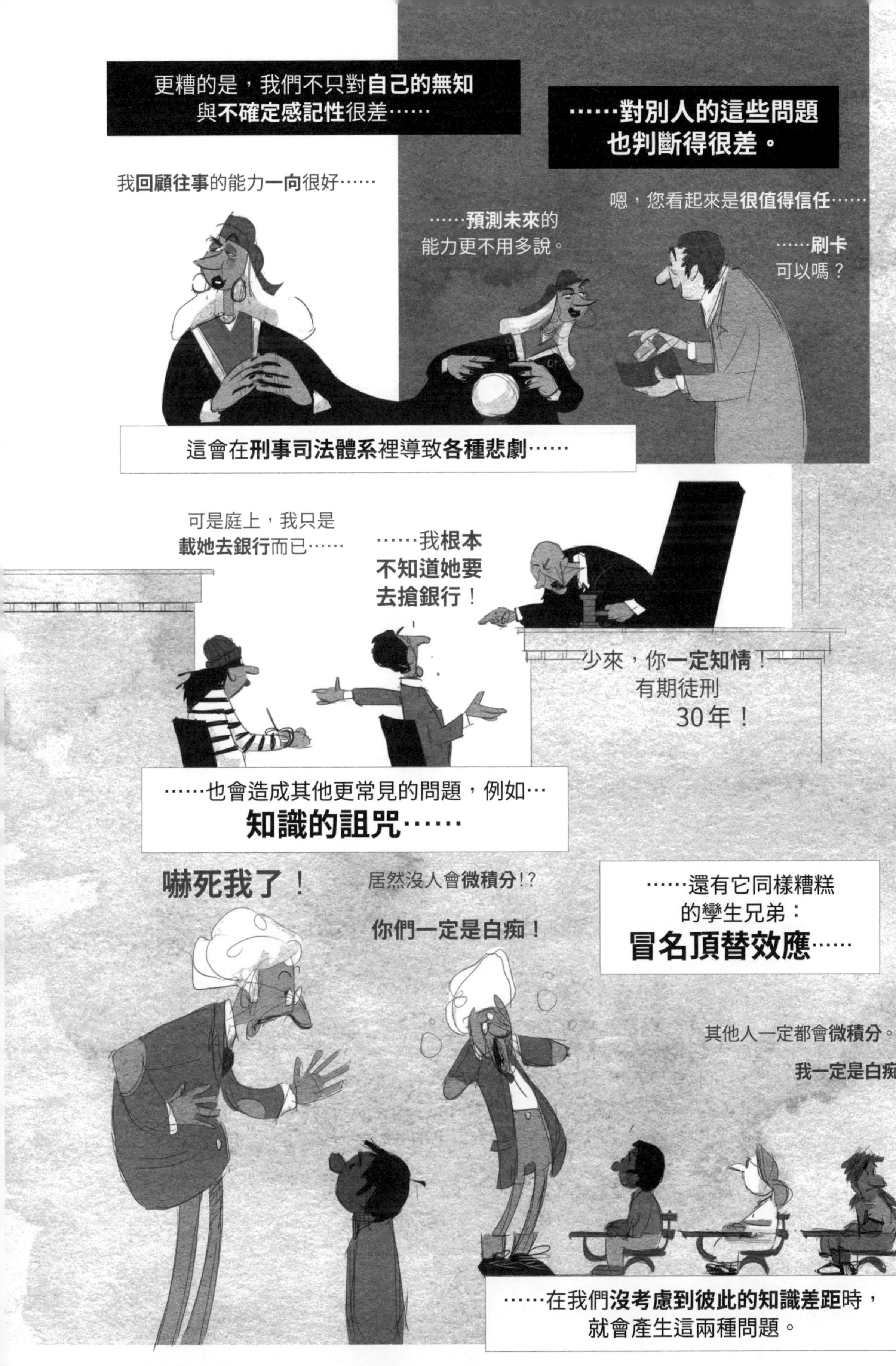

更糟的是，我們不只對**自己的無知**與**不確定感記性**很差……

……**對別人的這些問題也判斷得很差。**

我**回顧往事**的能力**一向**很好……

……**預測未來**的能力更不用多說。

嗯，您看起來是**很值得信任**……

……**刷卡**可以嗎？

這會在**刑事司法體系**裡導致**各種悲劇**……

可是庭上，我只是**載她去銀行**而已……

……我根本**不知道她要去搶銀行**！

少來，你**一定知情**！有期徒刑**30年**！

……也會造成其他更常見的問題，例如…**知識的詛咒**……

嚇死我了！

居然沒人會微積分！？

你們一定是白痴！

……還有它同樣糟糕的孿生兄弟：**冒名頂替效應**……

其他人一定都會微積分。

我一定是白痴。

……在我們**沒考慮到彼此的知識差距**時，就會產生這兩種問題。

95

總之，雖然我們可能對**自己腦海裡的事**信心滿滿⋯⋯　　⋯⋯我們常常是**錯的**。

我當然**知道自己知道什麼**！

可是你**不知道自己不知道什麼**⋯⋯

⋯⋯也**不知道以前不知道什麼**⋯⋯

⋯⋯**更不知道將來不知道什麼**。

因為我們所有的知識都不完美。

其實，你並**不真的知道**這**裡頭**有些什麼。

就像你並**不真的知道**在**外頭**有些什麼。

讓情況更加複雜的是，我們腦海裡的每一件事，都會受**已經在那裡的事**影響。

你以為**自己知道**的⋯⋯

⋯⋯取決於你**已經知道**的⋯⋯

⋯⋯或者說，至少取決於你**以為自己已經知道**的。

所以，在我們為了解自己和世界而做出推論時，必須**切記**──它們經常是**錯的**。

「推論」只是把「猜測」講好聽一點而已⋯⋯

⋯⋯用你那**不完美的知識**猜測。

別以為**你知道我知道什麼**！

OK，只要**你**也別以為你知道自己知道什麼就好。

第6章
情緒

我們都知道**感受情緒**是什麼樣子。

在這一章裡，我們要學的是**如何思考情緒**！

幾千年來，重要思想家一直與情緒課題纏鬥。

去你的，蘇格拉底！你惹毛我了！

蛤？為什麼？

這毫不讓人意外。

情緒不僅**動作迅速**，**而且力道很強**……

……在此同時，它們也**令人困惑又不可靠**……

……這能說明它們為什麼會給人惹來**各種麻煩**。

靠！我每次看到**紅色**……

……一把火就熊熊**燒**起來啊！

醬喔，那我用來**炒你魷魚**好了。

在這一章裡，我們要談的是**心理學家**怎麼看情緒。他們從**三個問題**切入。

什麼是情緒？

情緒是**普世共通的**嗎？

我們為什麼有情緒？

98

我們就從第一個問題開始吧：**什麼是情緒**？

最早的**現代情緒理論**是19世紀出現的，由**威廉‧詹姆士**和**卡爾‧蘭格**提出。

正式點說，**詹姆士－蘭格情緒理論**認為：世界上的事件……

……引起**我們身體裡的生理變化**……

我們**心跳加快**了耶……

我們也**滿頭大汗**……

……而情緒是對這些變化的**覺察**。

……我們一定**很害怕**！

事件 → 生理激發 → 情緒

用這種方式解釋，**每當我們感受到情緒**……

我**慾火焚身**！

我沒有！

……都是**因為身體裡的某個生理系統啟動了**。

你心跳**加快**了。

你的腎上腺系統**亢進**。

妳的心跳和腎上腺系統都**沒變化**。

這個令人訝異的理論帶出一個**重要問題**……

我**戳**你，你**哭**，你**覺得難過**。

好有趣啊！

哪個先呢？

到底是先有**情緒**還是先有**激發**？

而且我們可以**驗證**！

99

雖然**情緒引發身體變化**似乎是常識……

……**相反的**情況可能才是真的。

我看到猩猩就害怕……

……一害怕就跑！

你之所以害怕，其實是**因為你一看到猩猩就跑**。

換句話說，雖然我們傾向認為是情緒**造成**身體回應……

因為我高興，所以我笑。

因為我生氣，所以我腦門充血。

……詹姆士－蘭格理論卻說是**身體先有回應**。

其實呦，你是**因為笑所以高興**！

事實上呢，你是**因為腦門充血所以生氣**。

為檢驗這種看法是否成立，心理學家設計出**臉部反饋研究**。

只要用一枝**鉛筆**……

……就能讓你產生**不同的臉部表情**……

……然後**觀察**你的**感受**。

我們來看看他們是怎麼做的。

研究人員發現：只要讓人**用牙齒水平咬著**鉛筆……

……他們會回報**正面情緒**。

這個動作會讓你收縮**顴肌**，也就是你微笑時用的肌肉。

我**更喜歡**別人了！

鉛筆的味道**不錯**！

這本書有趣耶！

另一方面，只要改變鉛筆的位置，讓他們**用嘴唇含住**鉛筆……

……他們會回報負面情緒。

這個動作會讓你用**上闊頸肌和降口角肌**，也就是你不高興時會牽動的肌肉。

我不喜歡你。

這本書好沉悶。

鉛筆的味道超噁。

最後，如果請他們**皺眉**，把鉛筆**擺在眉溝**……

……會帶來**困惑和／或焦慮**。

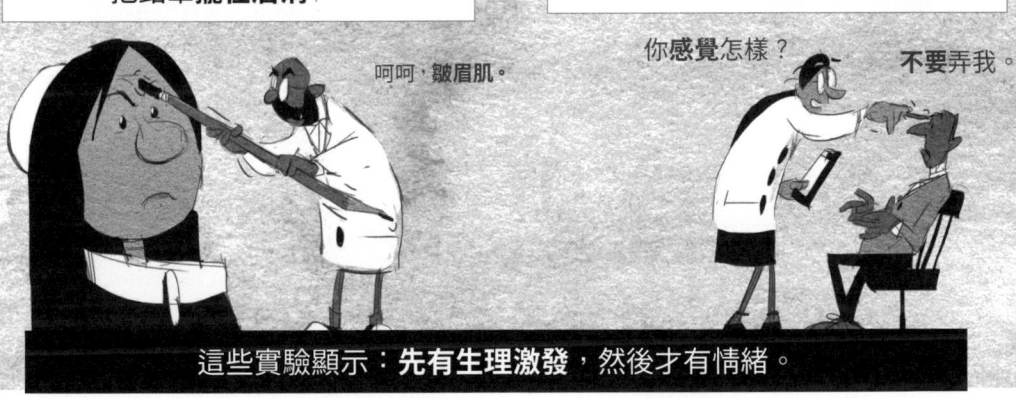

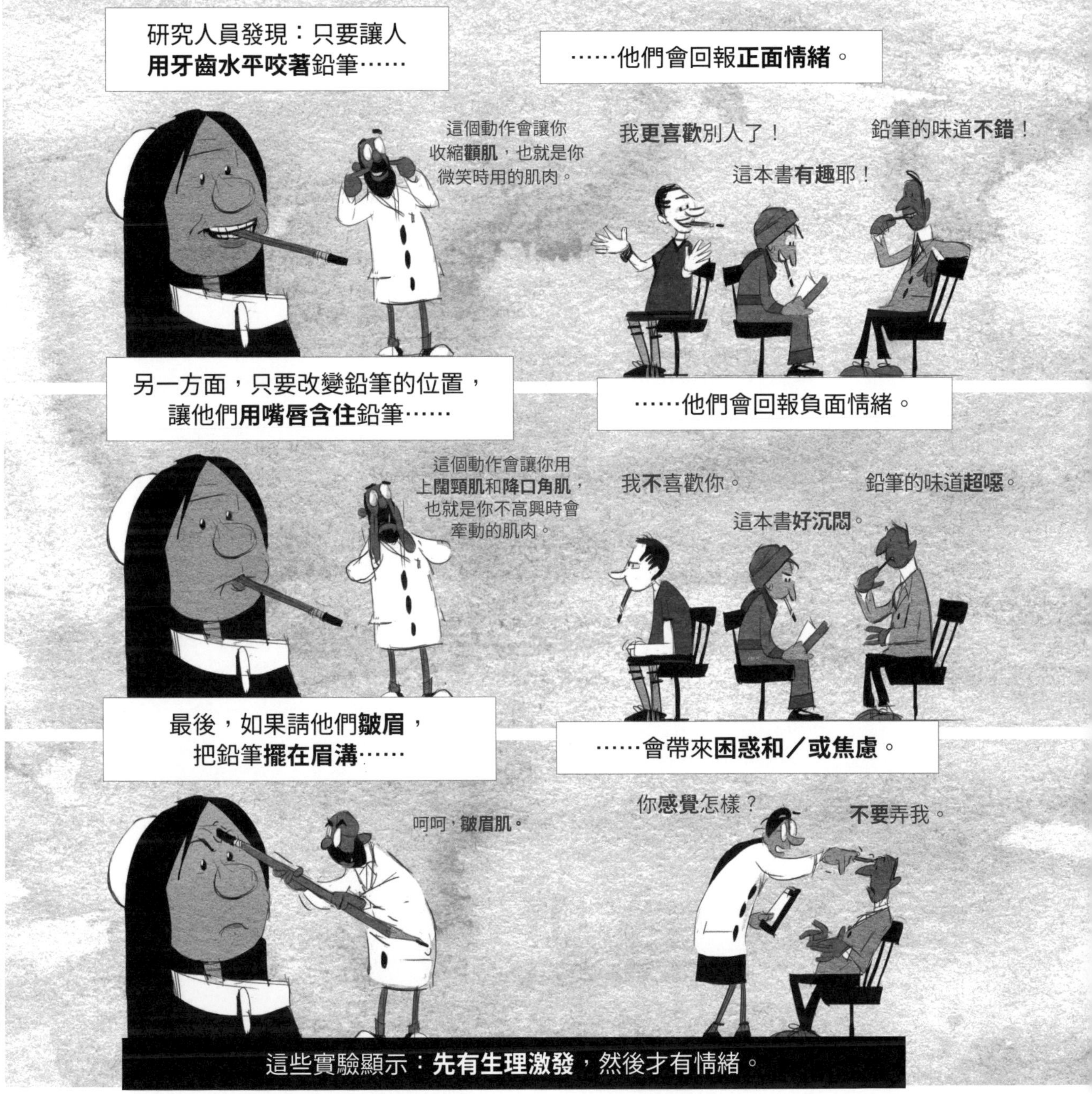

呵呵，皺眉肌。

你感覺怎樣？

不要弄我。

這些實驗顯示：**先有生理激發**，然後才有情緒。

我們的生理感知**先於心理覺察**。

微笑讓你**開心**……

……皺眉讓你**傷心**！

不過光是這樣還不夠，我們**還有別的**面向要研究。

101

雖然詹姆士－蘭格理論認為**生理激發**與**情緒**關係密切……

不要！

……但最近的理論很強調一個事實：情緒似乎也**需要認知詮釋**。

拜託！我的身體與心都好想要妳。

更準確點說，沙赫特－辛格理論主張：**同樣的身體反應**……

……會在**不同環境**裡**激起不同情緒**。

我們的**心跳都加快了**……

……我們也都在**出汗**……

……可是我**很害怕**……

……我是**陷入熱戀**！

照這種說法，我們的情緒反應**不只受生理反應影響**……

……**也受我們如何詮釋**當下處境影響。

如果我們給妳注射**腎上腺素**，妳的心跳會加快……

……妳的**腎上腺系統**會亢進。

如果我們接著給妳看**猩猩**的圖片，妳會覺得**害怕**……

……可是，我們給妳看的如果是**帥哥美女**的照片，妳會**春心蕩漾**。

事件 → 生理激發 → 詮釋 → 情緒

恐懼

情慾

102

支持沙赫特－辛格理論的經典研究之一，是**達頓與亞倫吊橋研究**。

請一名**女性**向正在**吊橋上**的男性搭訕……

我的電話是……

我的心跳得好快啊！

我滿手是汗。

……也向**經過吊橋**10分鐘後的其他男性搭訕。

……如果想找人聊聊，歡迎打電話給我。

我的手現在沒汗了。

達頓和亞倫發現：第一組男性**致電給她的比例高**得多！

她是真命天女！

我們這一組有65%打電話。

呸！

我們這組只有30%打電話。

當然，並**不是所有男性都反應相同**。

但重點在於：他們的情緒反應**深受處境影響**。

抱歉，我能說什麼呢？

我一往下看**魂都飛了**。

我們能把**恐懼**轉化成**情慾**！

所以我約會愛挑**恐怖電影**。

這把我們帶往下一個大問題：**情緒是普世共通的嗎？**

即使**文化**和**語言**不同……

……**生活環境**也不一樣……

……**世界各地**的人感受到的**情緒**是一樣的嗎？……

事實上，心理學家大致同意：世界上每一個人應該都能認出**七種情緒**。

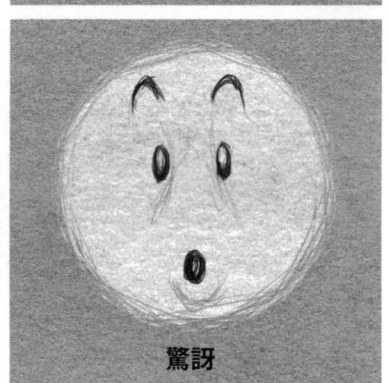

快樂

悲傷

憤怒

恐懼

厭惡

驚訝

輕蔑

雖然**精確數字**仍開放討論……

我們應該把快樂細分成**不同部分**……

……例如**喜悅、滿足**還有**得意**！

還有啊，**怕被鉛筆戳到**的那種感覺為什麼不自成一類呢？

但我們已有一些很好的**證據**證明：普世共通的情緒**至少有七種**。

有幾種證據可以證明情緒普世共通。**首先**，所有文化的人都有**類似的臉部表情**……

……而且能**成功辨識**與他們長相完全不同的人的**情緒**。

把憤怒的愛斯基摩人的相片拿給**任何人**看……

……沒有人認為她是**快樂**的。

其次，有證據能**把不同情緒連結回特定生理反應**。

不論任何人在任何時間、任何地方感到**恐懼**，他們腦中的**杏仁核**都會有反應。

憤怒情緒總是與**心跳加快**連在一起。

不論你是維京人或馬賽人，都是一樣。

最後，每種語言都以**不同的**詞彙描述這七種情緒。

如果他們沒有經驗過這些情緒，幹麼造出這些詞彙呢？

雖然在某些語言裡，有些描述情緒的詞似乎**不是普世共通的**……

「はがい」 「Mehameha」 「Schadenfreude」

……或是**無法轉譯**的……

「Litost」是捷克文，結合悲痛、懊悔、企盼……

……你得會像棄犬那樣哀嚎才能表達。

可是，大多數人對這七種基本情緒的經驗極其**相似**。

105

雖然普遍同意我們有一組相當**共通的情緒**，最後一個問題是：
為什麼？

艦長，**你為什麼有情緒？**

史巴克，你的意思是……？

最主要的答案是：情緒有助於我們**快速判斷。**

在我看來，情緒似乎**非常不合邏輯**……

哇！

有證據顯示：形成情緒印象的時間**少於千分之一秒**……

艦長，有什麼**問題**嗎？

超快。

……換句話說，**在來得及思考之前**就必須盡快反應時，情緒很有辦法引導我們的行為。

情緒也許沒那麼**不合邏輯。**

嗝～

不只如此……

情緒發生得很快，但也很會**拖**，
在有意識的記憶消失後還會延續很久。

我不知道這是哪裡，可是總覺得這裡發生過**不好的事**。

要驗證這點有個聰明辦法：**拿嗜血殺人狂的照片**給**失憶症**的人看。

這個人**很殘忍**，作案**冷血無情**。

等個五分鐘之類的……

……失憶症的人**不會記得這張臉**……

……但情緒印象還在！

你看過這張相片嗎？ **沒有。**

可是我**不喜歡他**。

情緒對**記憶健全**的人也會發揮同樣效應……

……但延續得更久……

哈哈！我**騙光了**你**全家的錢**，怎麼樣啊？

不知道為什麼，我從小就不信任穿**格子**衣服的人。

……而且似乎對於我們**對別人**的判斷影響特別深。

不知道為什麼，我就是不喜歡他，但我想一定有**原因**。

第12章刻板印象
會談得更仔細喔！

107

正如前面所說，情緒能讓我們**在當下立刻反應**……　　但**也會在以後繼續引導我們的行為**。

你想讓我一直用鉛筆戳你額頭嗎？　　不要！

心理學家之所以認為情緒是**重要適應工具**，原因正在於此。

幾百萬年以前，我們的老祖宗遇到危險時會**這樣叫**。　　哇啊啊啊！　　這會讓我們**這樣反應**。

可是，雖然情緒對我們的生存顯然相當重要，它們**並非絕對可靠**。

我們現在隨時聽得到**這種聲音**。　　哇啊啊啊！　　這還是讓我們**產生同樣的反應**。

這可以解釋我們何以從**骨子裡**對特定**聲音**有**負面感受**……

我覺得**好怕**！　　你並沒有危險，我只是**打鼓**而已……　　……我也只是**用指甲刮黑板**而已。

……還有為何我們的情緒反應有時會**蓋過較佳判斷**。

這房子快垮了。　　但它要是有剛出爐餅乾的香味，我的客戶就比較**不會注意**。

尤其是，情緒的欺騙性拉力可能造成**魔幻型思考**。

也就是說，我們明明**知道**自己的想法**不理性**……

……卻還是忍不住照做不誤。

我知道**不這樣做也沒差**……

……但我**每次**去火山獻祭，都非戴這頂**幸運帽**不可。

舉例來說，遇到**這種情況**時……

買個知名品牌的全新**馬桶座**，

把蘋果汁倒進裡頭……

……舀一杯出來。

請用！來一杯吧！

……大多數人就是**辦不到**。

艦長，你被情緒**蒙蔽了判斷**。

蘋果汁**新鮮**得很啊！

我還能說什麼呢，我只是正常人而已。

情緒的另一些運作方式**可以預料不會可靠**。

正向偏誤指的是人回憶裡的過去往往**比實際上更好**。

我小時候得在下雪天走路上學，沒鞋穿喔！光腳踏在地上凍得像是著了火一樣。**來回都是這樣**！

喂，那可是**美好舊時光**啊！

事實上，如果你請人們**每天記錄特定事件帶給他們的情緒強度**……

這個甜筒？ 8

這場派對？ 7

生產有多痛？ 11

被鉛筆戳有多不爽？ 9

……可以預見的是，**隨著時間過去**，他們評比的強度會越來越低！

那個甜筒？ 6

那場派對？ 5

生產有多痛？ 5

4

諸如此類的研究顯示：**所有的情緒回憶都會隨時間消褪**……

……但**負面情緒消褪得更快**……

照我**日記記錄**，我當時給那件事**10分**……

……怪了，這跟我記憶中不一樣。

妳不記得**生孩子多痛**了嗎？

管他的，我們再生一個吧！

……結果就是，我們的整體回憶傾向**更正面**。

人總是戴上**玫瑰色的眼鏡**回顧過去。

110

另一種偏誤是**忽視持續時間**。可以預見的是：我們會**忘記**情緒經驗的**時間長度**……

你被吊在這裡**多久**了？

不知道。

……但會記得**尖峰強度**和**最終強度**。

舉例來說，如果你請一些人**把雙手浸在冰水裡剛好五分鐘**……

……然後讓**其中一些人**把手放進**比較不冷的水裡，再放30秒**……

……第二組人對**整體經驗的感覺較不痛苦**！

在這類情況中，如果請他們給整體經驗評分，他們通常會取**尖峰強度與最終強度的平均值**。

混雜快樂和痛苦的**快樂經驗**似乎尤其如此。

$$快樂經驗 = \left(\frac{尖峰強度 + 最終強度}{2}\right)$$

結果就是，只要能**改變這個經驗的最後一段**，你就能扭曲一個人對它的好惡感受。

這種偏誤已被應用在醫療之中，幫助削弱疼痛與特定**不適醫療處置**的連結。

每次我整完學生都會**給他們冰淇淋吃**……

……這能讓他們留下**比較美好**的記憶。

我把這玩意兒塞進去後，會讓它在裡面待一下子……

……這能讓你覺得它**沒那麼痛**。

111

在這一章裡，我們談到情緒**如何後於生理變化**……

……但也受我們對這些變化的**認知詮釋**影響。

我切洋蔥時總會**掉淚**……
……這讓我覺得**傷心**。

這是詹姆士－蘭格理論！

老爸，沒關係啦，我可以弄些**屁聲**，讓你的眼淚變成**爆笑之淚**。

這是沙赫特－辛格理論！

我們學到情緒如何**幫助我們快速回應重大事件**……

……還有它們會**延續得比我們有意識的記憶更久**。

史巴克，快逃啊！

可是艦長，這不合邏輯啊！牠看起來滿**可愛**的呢！

我不記得自己怎麼知道這種東西很**危險**。

總之，情緒是**幫助我們了解碰上的事的重要工具**……

……雖然它們有時候會**誤導我們**。

我覺得我**戀愛**了。

別傻了，那只是因為我讓你**以為自己心跳加快**。

第7章
動機

你的**動機**是什麼？

你的角色想**向大家證明**
他**怕大蜘蛛**很正常，還有……

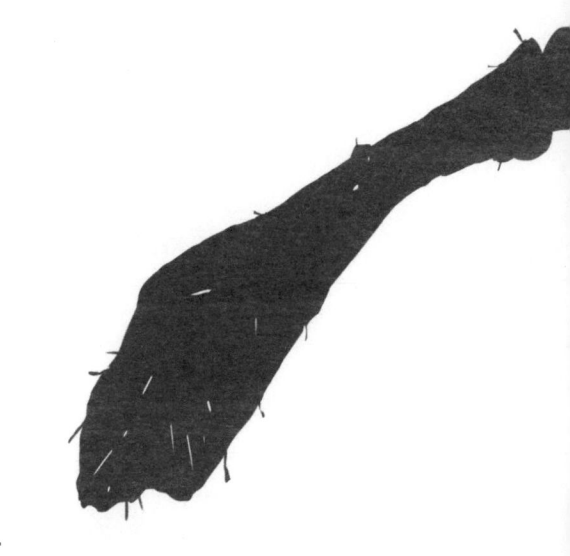

我不是問角色！我問的是**我的**動機！

我幹麼在這種白爛片上浪費生命！

為我們的行為提供動機的原因五花八門。

為錢工作。 為愛工作。 為錢而愛。

亞伯拉罕・馬斯洛的**需求層次理論**，是**為動機分類**的最早嘗試之一。

金字塔底端是**最基本的需求**……

……包括**維持生存之所必需**。

- 自我實現
- 尊嚴
- 歸屬感／社交需求
- 安全
- 生理需求

金字塔頂端是我們的**最大潛能**。

如果我們達到了，就得到**真正的幸福**。

照馬斯洛的看法，我們會**從底部開始**……

促使我行動的動機是**飢餓、口渴、溫暖和氧氣**。

……**一路爬到頂層**。

我的行動動機是**詩歌、音樂、真理和香氛蠟燭**。

而且**我們只有在滿意一個層次之後，才會再往上爬**。

等我**吃飽**之後……

……我會想確保**自身安全**……

……接著會尋找**真愛**……

……再來會想提高**地位**……

……最後我**開悟了**。

當然，這個模型**過於簡化**。

在戰壕裡不准寫詩！

誰告訴你可以**不照順序來**！？

它雖然能幫助我們區分**相互矛盾的動機**……

我追求的是穩定**與**刺激。

……卻無法處理一項事實：我們經常為較高層次的需求**犧牲**較低層次的需求。

我不吃，因為它**不安全**。

我不吃，因為它**不夠酷**。

我不吃，因為我現在**低自尊**。

我為**信仰**禁食中。

無論如何，我們就姑且先以馬斯洛的金字塔為**跳板**……

……因為人們確實**傾向把安全和食物的順位排在前面**。

在確定裡面**沒有鯊魚**之前……

……我才**不跳**。

115

首先，我們**吃東西**的動機是什麼呢？

這似乎是**很簡單的問題**，但它可**沒有簡單的答案**。

吃東西是為了**活命**啊！廢話！

那我為什麼**一吃就停不下來**？

舉例來說，我們**吃飽**時，身體會發出**生理信號**。

腸道和脂肪細胞會分泌飽食激素。

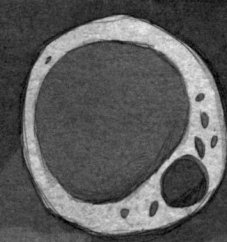

欸，跟中央指揮所說**別再吃了**！

增加 **PYY**！增加瘦體素！

但生理信號**很容易被心理信號動搖**……

舉例來說，如果把飲料上的標籤換掉……

……我們對這份經驗的**詮釋也會跟著改變**。

特大杯

低卡

中央指揮所認為這杯奶昔是「低卡」。

所以我們多喝幾口吧！

……因為心理信號的作用**強得多**。

這些激素怎麼敵得過**動物脂肪、鹽和糖**加起來的香味呢？**毫無勝算**。

再給我一打。

如果是「低卡」的話，就再來個**兩打**吧！

116

事實上，當我們試著去想自己**飽了沒**……　　……我們傾向以**眼前有多少食物**去猜。

你還餓啊？　　一定是……
　　　　　　　　……吧檯都還開著。

如果**把食物挪開**，我們會**吃少一點**。　　如果**把食物藏起來**，我們就**不再吃**。

喔，糖果罐……　　　　　　眼睛不見……
　　……你為什麼　　　　　　　……腦袋不想……
　　要離開我？　　　　　　　　　　……嘴巴不吃。

還有一個**經典研究**顯示：要是你瞞著我們再把食物裝滿……　　……我們會**不知道何時該停**。

要是我們用的碗能**不露痕跡地把湯盛滿**……　　奇怪，我的眼睛是不是比胃還大啊？

……**喝的人會多喝73%！**

這能說明為什麼用**小盤子**吃東西就**能幫助減肥**。

我吃**舊石器式低糖生酮排毒無麩質葡萄柚減肥餐**。　　我吃「**吃少一點**」減肥餐。

117

雖然**基本動機**會因**生理**與**心理**交互作用而複雜化……

我心裡想的是糖霜巧克力，肚子要的卻是熊爪糕。

……我們的**高等動機**也**不單純**。

我吃多少的動機取決於**盤子大小**……

……我有沒有跟這傢伙約會的動機得看**他口袋多深**。

舉例來說，根據某個經濟學理論，我們還有**外在動機**……

「外在」指的是**「從外面來的」**。

……所以我們會**光是為了得到外在酬賞**而做某些事……

跑啊！

……或是**為了避免外在懲罰**而做某些事。

跑啊！

然而事情**沒那麼單純**。

雖然我們顯然會受酬賞和懲罰影響……

……**它們經常產生意想不到的作用**。

我認真做事都**只為了胡蘿蔔**。

可是我不喜歡胡蘿蔔……

只要給予酬賞的方式稍有不同……

……**就可能造成始料未及的結果**。

我照時薪付你薪水。

那我做慢一點就能賺到更多。

我等完工一次付清。

那我草草了事就能賺得更快。

從配管到擬定教育政策，每一件事都可能受到影響……

如果你們學校的學生沒通過州級會考，就降低考績。

好啊，那我們把後段班學生退學。

……**實驗室外的現實世界**變數很多。

箱子裡的情況單純多了。

119

有些原本是要創造動機的行為，反而**適得其反**。

喂！我說往**這邊**走！

我討厭**胡蘿蔔**！

舉例來說，有時**付錢給人**會**打消他們的動機**。

小孩通常不需鼓勵也愛**畫畫**……

……可是如果付錢請他們畫畫，只要**不付**，他們就**不畫**了。

你為什麼**不再**畫畫了呢？

付我錢啊！

這叫**過度辨證效應**。

相反地，有時**罰款**讓人更會去做你**不希望他們做**的事。

我們托育中心的家長接孩子經常**遲到**……

……可是我們開始為遲到罰款之後，他們**反而更常遲到**。

為什麼你又**遲到**？

因為我**付你們錢**啦！

這叫**乖張誘因**。

120

有一部分的難題在於：我們會**透過自身經驗的眼鏡**看刺激……　　……但刺激包括千絲萬縷相互糾結的**社會意義**。

我那個爛爸爸是**種胡蘿蔔的**。

我老家那裡**不吃橘色的東西**。

社會意義很容易讓**動機**……

嗨美女，有興趣去**我那裡樂一樂**嗎？**計程車錢我付**。

……感覺起來像**懲罰**……

把老娘當妓女！

……反之亦然。

你態度惡劣，不尊敬師長。**課後輔導**！

哇，他好壞喔！
（嘆～）

女士們，抱歉啦，先走一步。需要**我的話可以來輔導室找**。

很明顯的是，要解釋我們如何回應**外在動機**……

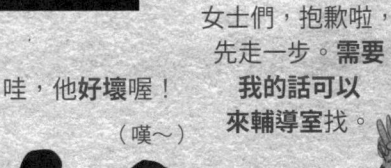

……我們得將**內在因素**也納入考慮。

我得付錢給他才肯讀書……
……沒錢賺的灌籃倒是樂此不疲。

大專男籃聯賽歡迎你！

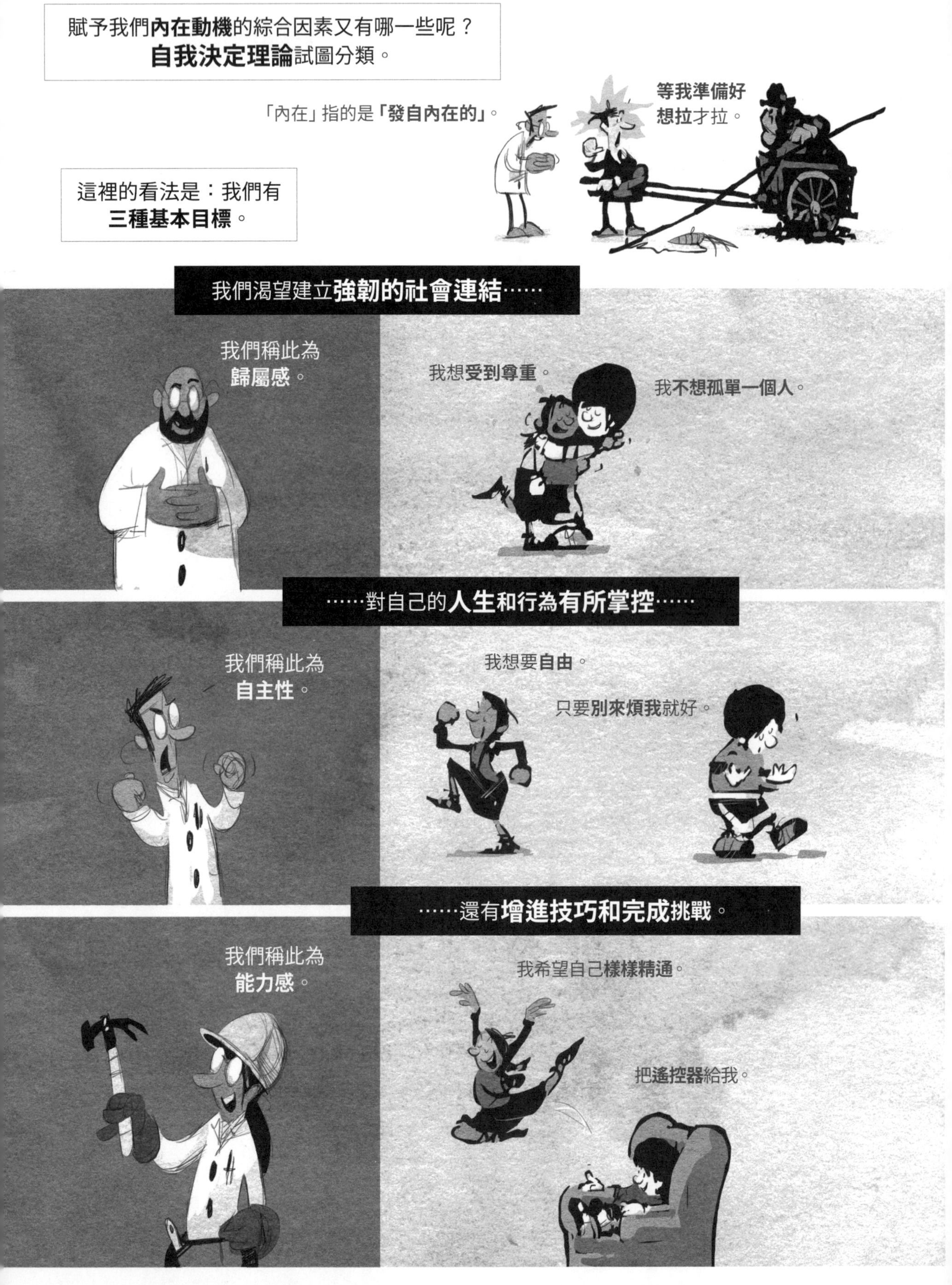

賦予我們**內在動機**的綜合因素又有哪一些呢？
自我決定理論試圖分類。

「內在」指的是**「發自內在的」**。

等我準備好想拉才拉。

這裡的看法是：我們有**三種基本目標**。

我們渴望建立**強韌的社會連結**……

我們稱此為**歸屬感**。

我想受到尊重。

我不想孤單一個人。

……對自己的**人生和行為有所掌控**……

我們稱此為**自主性**。

我想要**自由**。

只要**別來煩我**就好。

……還有**增進技巧和完成挑戰**。

我們稱此為**能力感**。

我希望自己樣樣精通。

把遙控器給我。

照**自我決定理論**的說法，當**三項目標都唾手可得**時，內在動機**最**強。

舉例來說，**學習動機最強**的時候，莫過於朋友在意我們的課業……

來啦，一起做做習題！

比一個人做有趣。

……我們能**影響過程**……

來啦，該做導數了！

好，可是我們要**先休息一下**。

……也知道**做好的話意義何在**。

你看微積分考得多好！

缺點，在於只要三項目標**消失一個**……

……就能**毀**了我們的動機。

別人都喜歡數學……

……只有我**厭惡至極**。

你有看到**遙控器**嗎？

檢驗動機的其中一種方式，是看我們如何回應**明確目標**……

……還有**改變目標**會如何**改變**我們的行為。

一次向前走一步。

當全世界最好的騾子。

研究者發現：**「表現目標」**……

……與**「精熟目標」**……

我每週想做100個法國麵包。

我想當最偉大的麵包師。

……在**短期**內會造成**相當不同**的結果……

任務完成！

我的實驗簡直是場**災難**。

……**長期**也是。

統統一樣，全部一樣。

我烤出**完美**麵包了！

研究者也指出：不同目標會**改變**我們的注意力……

那件**衣服**好漂亮。

那本書好有趣。

身材超好。

……以及我們的**選擇**。

我想吃**口味好**的東西。

我想吃**最健康**的東西。

讓目標**引導**我們通常是好事⋯⋯ ⋯⋯可是它們**發揮作用的方式未必符合預期**。

好好盯著**這項獎勵**⋯⋯
⋯⋯你就不會分心去看**那個獎勵**。

天地良心，我真的是**瞄準箭靶射出去的**。

一個尤其有害的例子是**自我設限**：

如果我們**投身某個挑戰**⋯⋯

⋯⋯但我們的首要目標其實是**維護自尊**⋯⋯

我要去把妹。

要是**失敗**，場面一定慘不忍睹。

⋯⋯於是，我們有時會**破壞自己的成功**⋯⋯

⋯⋯好讓自己能躲避**失敗的感覺**。

呃⋯⋯嗯⋯⋯
⋯⋯嗨，能跟妳要電話號碼嗎？

不行。

好吧。
她一定是討厭**這頂帽子**。

雖然如果成功，這種方式能讓成功**更為甜美**⋯⋯

⋯⋯只不過它**更常把事情搞砸**。

她居然說**好**⋯⋯

⋯⋯**我戴這種帽子，她居然還說好！**

她一定**真的很喜歡我**。

老哥，她是在**酸你**啦。

125

那麼，當我們不自我設限時……

我總是用**這把球桿**……

……這樣要是打得很爛，別人就會怪在**它**頭上。

……目標怎麼訂比較好呢？

不如我們**把洞挖大吧**？

很多證據顯示：一般目標……

他們要我兩分鐘內**盡量多摺**。

我摺了**兩隻**。

……不像具體目標那麼有效……

他們要我兩分鐘內摺**四隻**。

我做到了！

……而且具體目標越有挑戰性越好！

他們要我兩分鐘內摺八隻……

……我真的摺了八隻。

這叫**目標設定理論**！

不過，我們能承擔的難度有限……

請摺31隻。

太難了吧！

我可不想**失敗**。

這可以解釋：為什麼我們**面臨重大挑戰時**……

……我們與目標的距離也很重要。

如果我已經摺了27隻，能達成目標我會很高興。

可是我才摺了10隻，這樣一來我**沒動機**了。

這叫**目標漸近假說**。

我到底是哪個筋不對，怎麼會以為自己能**寫小說**？

……同時立下一些次要目標是有幫助的——
因為這能在**過程中**帶給我們**成就感**。

1. 寫清單
2. 吃三明治
3. 寫小說

我已經把目標完成**三分之二**了！

如果能對過程中可能遇上的**特定障礙**
制定特定計畫，會更有幫助。

太好了，**又來個海市蜃樓**！

這代表我得**繼續爬**！

這些計畫針對我們想改變的情境而設，
以具體的**「若－則劇本」**形式出現。

如果我看到**蜘蛛**……

……我就**慢慢呼吸**。

如果我看到**奶油夾心蛋糕**……

……我就**不吃**。

我們的**良好意圖**之所以經常失敗，是因為它們往往**過於模糊**……

我的新年目標是……

……**明年換個不一樣的新年目標**。

……我們遺漏的是**對如何實現它們制訂詳細指引**。

我們該去打流感疫苗。

如果妳寫下想去打疫苗
的日期和時間……

……就更有可能做到。

這叫**執行意圖**！

127

雖然我們在這一章看到不少訣竅……
我要尊重、掌控權、成就感……
……我也要能力範圍內的目標。
……動機還是不好掌握。
呃……換成胡蘿蔔蛋糕你喜歡嗎？
不過，有個辦法的效果比其他動機都好。
妳怎麼有辦法去卡內基廳演奏？
這都跟習慣有關。
如果我們對某件事練習夠多，就會習慣成自然……
我一直把一隻腳放在另一隻腳前面……
……於是我會走路了。
……這就是最可能成功的時候。
現在我甚至不會去想我在刷牙……
……還是演奏貝多芬。
所以，雖然我們可以透過創造動機來改變行為……
……浸淫其中其實有效得多。
加油加油！讚讚讚！
我完全沒動機……
……可是我還是會做。

第8章
壓力與健康

大事不妙！

談到這裡，我們大部分篇幅著重的是**心理狀態**……

……但想了解自己，我們也必須了解**自己的生理狀態**。

我的心說「停」……

……我的**身體**卻說「跑」。

壓力是**心身互動**的重要管道。

我用鉛筆戳妳的時候……

……妳的身體會叫妳的心**驚嚇**！

在**放鬆**的時候……

……我們的身體是由**副交感神經系統**控制……

……它負責的是**休息和消化**。

降低心跳 促進消化

通常也叫**飼養和繁殖**。

可是當**壓力源**出現……

……我們的身體會啟動**交感神經系統**……

……它負責的是**交戰和逃跑**。

增加心跳 降低消化

嚇一跳！

技術上說，凡是**製造身體需求**的都算壓力源……

我餓了。

我好冷。

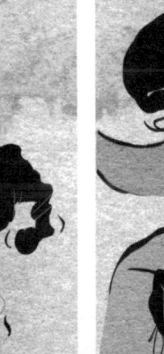

我挨了一拳。

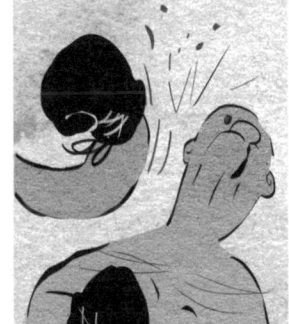

我被注射刺激性化合物！

……它會**激發**我們的**戰**或**逃**反應。

我全身緊繃。

我好緊張。

我生氣了！

我發炎了。

不過，我們接下來在這章也會看到：這類反應**也會在其他情況下激發**……

我真的覺得被哥吉拉追耶！
超棒的！

……不論我們喜不喜歡……

我一直覺得被哥吉拉追趕，想停也停不了。

……而這可能帶來**壞**的結果。

131

我們之所以演化出壓力反應，顯然是為了**保持安全**。

可是除了**生理壓力**之外……

……我們**也**會感受到**心理和社會壓力**……

妳有夠**遜**。

妳好**醜**。

妳**被炒魷魚**了。

……即使它們**還沒發生**，也是如此。

他們會覺得我很遜……

……又醜……

……我遲早會**被炒魷魚**。

這些壓力**日積月累**，長期下來會造成傷害。

嚇一跳！

嚇一跳！

嚇一跳！

嚇一跳！

132

長期壓力會嚴重影響健康：

它會降低心智能力……

沒時間想。

……阻礙消化……

沒時間吸收營養。

……破壞生育能力……

沒時間做愛做的事。

……削弱免疫系統……

沒時間痊癒。

……甚至阻礙我們的發展。

沒時間長大。

我得快逃。

更糟的是，我們身體對壓力的反應會回過頭來增加壓力……

……結果比原本的壓力造成更大傷害。

我對壓力有壓力……
……總是對壓力有壓力……
……總是對壓力有壓力……
……總是對壓力有壓力……

我的心臟總跳得跟搖滾樂似的。

這叫回饋迴路。

測量壓力的方法有觀察**潰瘍**……

……取樣一種叫**皮質醇**的荷爾蒙……

……**量血壓**……

……以及問**問題**。

您最近有沒有什麼**不舒服**呢？

有啊，做這個很不舒服。

測量結果顯示，**有些人天生比較緊繃**……

……**其他人**則否……

我A型！
我沒耐性！
我要贏！
我**不能放鬆**！
欸！你手上拿的是**蛇**嗎？

請把遙控器給我。

……這種人更可能罹患與壓力相關的疾病。

他**跑**去哪兒啦？

醫院。

測量結果也顯示，美國人**大多**都有壓**力**值超標之苦……

工作！ 小孩！ 賺錢！ 性！

……從**公共衛生層面**來說，這個結果**意味深遠**。

他們**跑**去哪兒啦？

醫院。

這讓我們不得不
問一個**問題**：

我們該怎麼**辦**！？

第一重要的是：光是**對自己的生命有掌控感**，就有助於長期**健康**。

如果我有支**矛**，
我比較**不會**擔心。

有個頗具啟發意義的研究顯示：
有些**護理之家**的**住民**會被分派到**責任**……

……其他住民**沒有**……

您可以**自己**
做生活規劃！

也請幫忙照顧
這個盆栽。

您**什麼也**
不必做。

我們會把您
照顧好的。

……前一類人**明顯活得更久**！

18個月後，他們的
死亡率**降低一半**！

我喜歡**種花**
勝過**獻花**。

這代表生活**沒那麼枯燥**可以舒緩壓力。

我要當**主管**……

……你忍心讓我**做雜事悶到死**嗎？

在**老鼠**身上也可以觀察到類似現象。

一直拿**老鼠**當例子實在很**煩**。

好巧,我有同感。

一再遭受隨機輕微電擊的老鼠⋯⋯

喔,我的**胃**⋯⋯

⋯⋯比遭受電擊前**先獲得警告**的老鼠壓力更大。

有聽到鈴聲嗎?
要開始囉!

好像沒那麼糟。

有辦法停止電擊的老鼠⋯⋯

⋯⋯壓力甚至能降得**更低**。

電擊開始後
我拉這根桿子就能停止!

我被電擊的時間一樣長⋯⋯
⋯⋯可是我沒有拉桿。

在實驗室工作還不賴。

喔,我的胃⋯⋯

這說明一件事:壓力很大一部分是來自**不確定性**⋯⋯

⋯⋯所以最好的解決方法是**降低不確定性**。

等車真正的痛苦
不是等⋯⋯
⋯⋯而是不知道車什麼時候來!

我把時刻表存在手機裡
隨時能看,覺得輕鬆多了。

光是**事先知情**就能減輕我們不少壓力……

如果知道**得等多久**……

……**等待**會變得比較輕鬆。

詮釋角度也是如此。

我只剩半杯。

我還有半杯。

舉例來說，遇到**壞事**時……

你們都**考砸了**！

……相信問題反映出**自己的永久性缺陷**，壓力會重得多……

……認為問題只是**一時運氣不好**，壓力比較小。

我爛透了。

總是
永遠
我很笨
注定的
是我的錯
F

我下次會考好
至少我還活著
試題太爛
去他的
F

去吃冰淇淋轉換心情吧！

這表示我們可以**訓練自己用較為健康的方式回應問題**……

至少我們不是**被老虎追**！

這叫認知再評估！

……雖然這項任務顯然**不容易**。

較簡單的減輕壓力方式有靜坐……

……運動……

唵

唵

呼

呼

……幽默……

有隻老鼠跟個練瑜伽的走進酒吧……

……及社會支持。

好吧，不太好笑，可是你還是我**哥兒們**。

這些方式都已**證實有益健康**……

……對**認知能力**也有幫助。

我還沒輸！

我走完迷宮後要去解**希爾伯特問題**！

這把我們帶往較為**神祕**的領域。

我們已經看了幾個**身體變化影響心智**的方式……

……**反過來**也是一樣嗎？

慢跑對大腦
有幫助！

真希望多做**填字遊戲**
能改善關節炎。

更精確點說：**光靠信念**是否可以改善健康？

只要你有**信心**，神一定
會賜給你……

……**六塊肌**！

雖然**有些證據**顯示**宗教信仰能減輕壓力**……

……證實宗教信仰真能讓**疾病康復**的**證據很少**。

我**運動**，所以我健康。

我**祈禱**，所以
我健康。

您在**道德**上的確
行得正坐得端……

……可是這改善
不了您的**背部問題**。

另一方面，有**很多證據**指出：我們**對藥物的信心**可以發揮驚人效果！

走過路過不要錯過！
世界第一**安慰劑**！

保證能減輕疼痛，
改善體質……

……而且還能**增加**你皮夾裡
的鈔票，是不是啊？

140

當然，**安慰劑**應該是**沒有任何效果的**。

這只是糖跟**粉**而已。

它們只是用來**唬弄病人**。

這種藥效果驚人吶！

可是結果一次又一次顯示：它們能**影響很多生理症狀和能力**。

這是目前所知**唯一一種**能**減輕反胃、改善失眠、降低血壓、舒緩憂鬱、消除頭痛**的藥！

對啊，而且還能同時加劇反胃、失眠、血壓、憂鬱和頭痛。

雖然我們不該把這些結果誤以為是**療效**……

安慰劑之所以奏效，是因為它能**讓病人提高希望**……

……但別因此期望**太高**。

……它們卻又一次證明：**由上而下連結**影響多大。

這種藥的效果……

……**完全**取決於你對它的信心。

放鬆　信任　藥物有效　科學　實驗袍　藥物　減輕

而且這不**只**限於藥物而已。

我們的信念和預期會影響我們的經驗…… ……也會影響我們的身體功能。

你的**所思所想**……
　　……取決於
　　你的所思所想。

這瓶酒的味道……
　　……取決於
　　你怎麼想。

有些研究顯示：如果跟我們說**某杯酒比較貴**…… ……我們會覺得它**比較好喝**。

99.99美元……

……這款**紅酒**一定超讚。

另一些研究顯示：如果跟我們說**某種保健食品比較貴**……

……我們會覺得它**比較有效**。

這種**貴得要命**的補充品能**防止疲勞**……
……這種**便宜貨**也能。

活力充沛啊！

我精疲力盡。

如果跟我們說某種**增強智力的補品比較貴**……

……它真的會**比較有效**。

這種**貴得要命**的補充品能**改善智力**……
……這種**便宜貨**也能。

呵呵，「CEMLIAR RECU」是把「MIRACLE CURE」的字母重新排列組合！

「COBELAP」重新排列組合……

呃……？

142

此外，還有**以為是酒效應**。

這種酒叫**安慰劑**。

如果跟我們說某種沒有酒精的飲料**含有酒精**……

……我們喝了還是會醉。

再喝一輪！

屑靴。

我愛你啊！哥兒們！

你在看誰？

嘖嘖嘖嘖嘖嘖嘖

由於這種效應**非常強**，有些研究者認為：喝醉與**預期心理**的關聯……

……就跟**化學作用**一樣大。

這種酒**好烈**啊！

用什麼調噠？

檸檬汁、糖漿、苦精，再加一點**謊話**。

因此，我們長久以來對**神奇療效**和**減肥飲食**的執迷……

……也許很大部分取決於我們**相信它們有效**。

我採用舊石器式飲食……

……而且無麩質。

我也是耶！

消化過程是生理作用。

但怎麼消化……

……取決於**你怎麼想**。

在這一章裡，我們談了**壓力的傷害**⋯⋯ ⋯⋯以及**安慰劑的威力**。

又一次地，我們看到心理連結如何**形塑我們對自己的經驗**⋯⋯

⋯⋯在心理**與**生理上都是如此。

粉紅藥丸⋯⋯

⋯⋯有助於體型大的人⋯⋯

⋯⋯消化墨西哥捲餅。

大腸桿菌 / 墨西哥捲餅 / 粉紅藥丸 / 60級分 / 起司 / 空 / 聰明 / 頑固 / 最愛吃的東西 / 我 / 體型大

我們接下來要看的是：它們如何形塑我們對**別人**的經驗。

妳覺得我胖嗎？　呃⋯⋯

懶 / 笨 / 胖 / 糖尿病 / 壯 / 酷 / 1992 / 性感

144

Part 3
了解彼此

第9章
语言

Draw!

*〔譯註〕Draw兼有「畫畫」與「掏槍」之意。

雖然語言是我們的**主要溝通工具**……

……它的效果未必如我們**預期**。

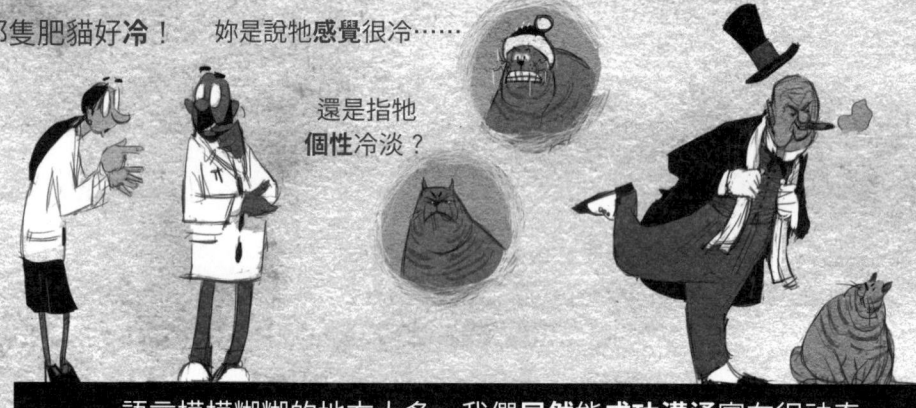

我們有**攜帶**（bear）**武器**的權利！

你說的是**裸著手臂**的Bare……

……還是**灰熊**的那個Bear？

事實上，仔細分析之後，會發現我們說的和寫的幾乎
都有模稜兩可之處……

那隻肥貓好**冷**！

妳是說牠**感覺很冷**……

還是指牠**個性冷淡**？

……語言模模糊糊的地方太多，我們**居然**能**成功溝通**實在很神奇。

你的律師是**鯊魚**？

你怕猴子酒吧（monkey bars）？

你在**交通醬**（traffic jam）裡？

148　　＊〔譯註〕Shark是「高手」的俚語；monkey bars指的是攀爬架；jam兼有「擁擠」與「果醬」之意。

語言充滿各種曖昧，有**字義**上的曖昧……

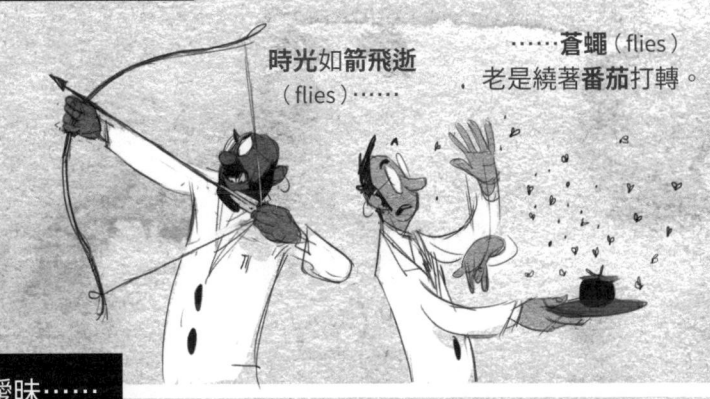

很多字有**多重意義**。

時光如箭飛逝
（flies）……

……**蒼蠅**（flies）
老是繞著**番茄**打轉。

……有**語音**上的曖昧……

同樣的音也有**多重意義**，
像 too 和 two。

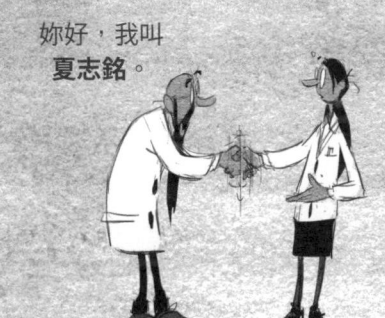

妳好，我叫
夏志銘。

志銘你好。
那你**冬天**叫什麼？

……還有**句構**上的曖昧。

句子的結構也會影響意義。

我昨晚穿睡衣射了隻大象
（I shot an elephant in my pajamas）……

……我**不曉得**牠怎麼
會跑進我**睡衣裡**
（got in my pajamas）。

除此之外，人**嘴巴說**的未必是**心裡想**的！

人生的祕密是**誠實**和
老實做生意……

……只要裝出這種
形象，就能**成功**！

可是，雖然我們經常用**譬喻**、**諷刺**，也經常講**蠢話**，我們居然還是**能了解彼此的意思**……

了不起啊，這沒腦的混蛋會說人話。

說得跟錄音帶一樣厲害。

等著看他自己掌嘴吧！

……所以大哉問是：我們是**怎麼做到的**？

不論什麼人**說了什麼話**……

……它們的**可能意義都多到爆**。

我們是怎麼**抓到正確意義**的呢？

最簡單的答案是：
我們會判斷脈絡……

……脈絡能給我們**由上而下的線索**（關於由上而下，我們在感知那章講過）。

等著看吧，我的律師**百分之百是鯊魚**。

啊哈！我懂了！

既然只有在海裡才有鯊魚……

……可是律師並不生活在水裡……

……所以他不可能是真的鯊魚。

我們能藉由**神經網路**掌握脈絡（關於神經網路，我們在記憶那章講過）。

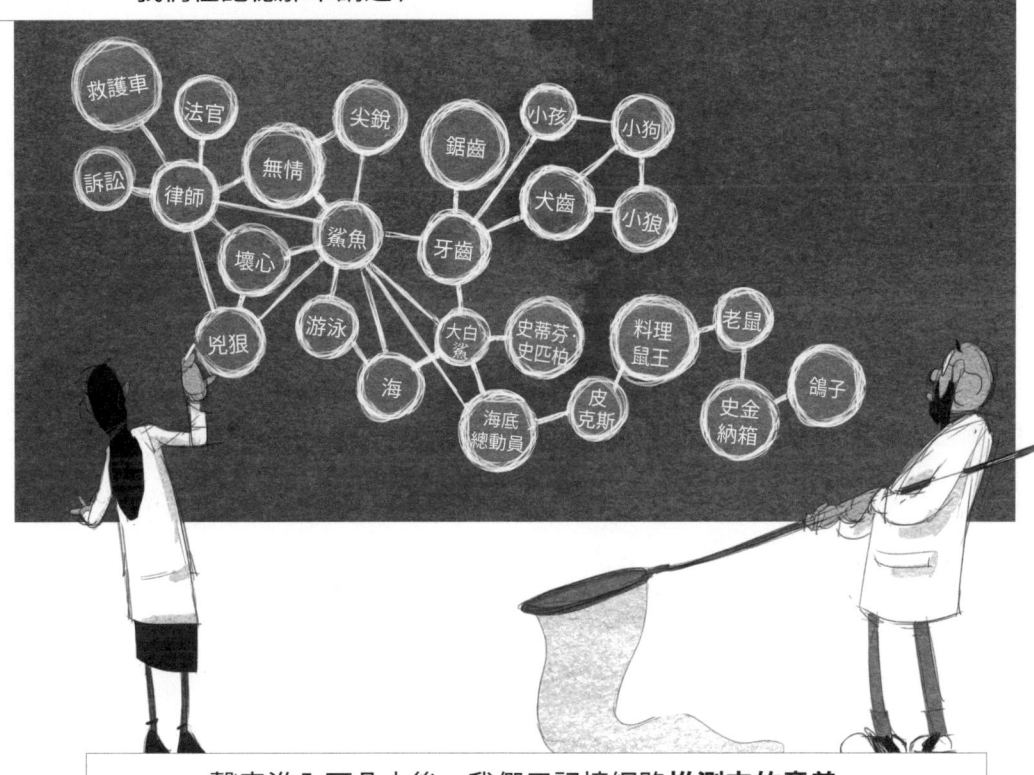

聲音進入耳朵之後，我們用記憶網路**推測它的意義**。

我的律師是鯊魚。

那傢伙可能又**尖銳**又**壞心**又**凶狠**……

……但我不認為他**真的**是能生吞活人的海洋生物。

不過，雖然這種方式有助於我們**分辨意義**……

我心痛

我想你指的是你很難過……

……而**不是**你**心臟病發**。

……**這並不完全可靠**。

151

事實上，依賴脈絡經常**失敗**。

> 我給她貓食物

> 我很高興，我是男子漢，我老婆也是

舉例來說，我們有時會遇上**語言幻覺**，意思越讀越不一樣。

瑪麗給那孩子條狗會咬布娃娃

這種句子之所以顯得模糊，是因為**句構**的關係……

> 我一開始以為**瑪麗把那條狗給小孩**。

> 但後來在想：**那條狗為什麼要咬布娃娃？**

……但也別忘了：我們也會因為其他**模糊**而一頭霧水。

那個**字**好模糊。

那個**音**好模糊。

這**男人**說話說得不清不楚。

這**女人**是騙子。

我們得**找出避免混淆的辦法**。

重點是：從另一個人嘴裡冒出的話**幾乎都是模糊的**。

蛤？

ㄑㄩㄋㄧㄌㄜㄋㄠㄅㄢㄅㄞㄔㄥㄌㄢㄖㄣㄌㄠㄋㄧㄤㄌㄠㄌㄜㄅㄚㄅㄣㄕㄇㄟㄘㄞㄍㄣㄋㄧㄗㄞㄑㄧ……

所以，為了弄懂對方在講什麼，我們會使出**另一種策略**……

如果你抓不到她的意思，光是靠神經網路還不夠。

……ㄍㄣㄋㄧㄋㄚㄑㄩㄅㄓㄨㄤㄍㄨㄟㄡㄩㄇㄙㄇㄋㄧㄍㄜㄏㄨㄣㄓㄤㄨㄤㄅㄚㄉㄢ！

……也就是**對溝通意圖**做出**特定假設**。

你聽到什麼……

……取決於**你認為對方的目的是什麼**。

ㄐㄧㄢㄍㄟㄑㄩㄣㄚ
ㄅㄨㄅㄞㄋㄧㄡㄛㄘㄣ
ㄆㄨㄅㄞㄗㄨㄟㄅㄨㄢ

心理學家稱此過程為「**語用**」。

又稱**葛萊斯暗示**……

……以這傢伙為名……

如果你**真**的很想知道的話。

153

我們只要開口交談，就會用**語用策略**詮釋別人的意思。

質

我們假定一個人**說的是實話**。

除非我們知道他們在**說謊**。

啊哈！

我餓到可以吃下一匹馬。

既然你並不是**真的鯊魚**……

……你這句話一定也是**比喻**。

關聯

我們假定對話**必有意義**。

所以一發現**意義空隙**，就會自己填上。

你們覺得**婚姻**有多棒呢？

嗯……

……生活多了**孩子**挺開心的。

爸，為什麼**媽**不喜歡你蛤？

量

我們預期會得到**適量**的資訊。

所以如果**量太少**……

……或是**量太多**……

……我們就會開始想**原因**。

今天是星期一耶！你幹麼開我罰單！

週日禁止停車

它又沒說**星期一可以停車**。

方式

我們期待資訊**清晰**。

所以如果覺得對方**語帶含糊**，我們就會開始思考對方的**動機**。

嗯……

……他長得未必算是不好看嘛。

直說吧，他到底有多醜？

我們不只在**聆聽**時會用上這些策略，**說話**時也會用上。

我講話的質很大聲……

……東扯西拉毫無關聯……

……量多到讓人頭昏眼花……

……表達方式也很奇怪。

我到底在**講什麼啊**？

ㄅㄨㄞㄍㄟㄛㄍㄨㄣㄗㄞㄧㄝㄣㄨㄒㄧㄤㄙㄒㄧㄉㄠㄋㄧㄇㄢㄗㄅㄨㄙㄨㄥ

不過在日常對話中，我們多半不會察覺自己在做這麼複雜的詮釋。

我一直努力要**跟妳講話**！

我一直努力在**猜你的意思**！

其實你們都在努力**提分手**！

正因如此，**小孩**居然能這麼快學會這種技巧，實在讓人驚訝。

小皮蛋啊，**要是你不乖**，聖誕老人就不會送你禮物了喔！

好啦好啦，我知道了……
……你**其實**要說如果**我乖**聖誕老人**就會**送禮物給我。

關於**我們如何學習語言**，有**兩種理論**相持不下

先天的！　　後天的！

有些人認為，我們一定有**與生俱來的語言能力**……

……另一些人認為，我們是**邊長大邊學的**。

我們明明有**共通的文法**！

那你如何解釋**語言一直在變**？

不過，我們姑且先把**太缺乏共識的爭執**擱在一邊……

語言**太容易出錯**，用聽的怎麼可能學會？

語言**太容易出錯**，怎麼可能是天生的？

……把焦點放在我們怎麼學習**字彙**……

我們先跳過文法……

……把焦點放在**字彙**。

萬歲！　　天啊！

……因為這方面**爭議較小**。

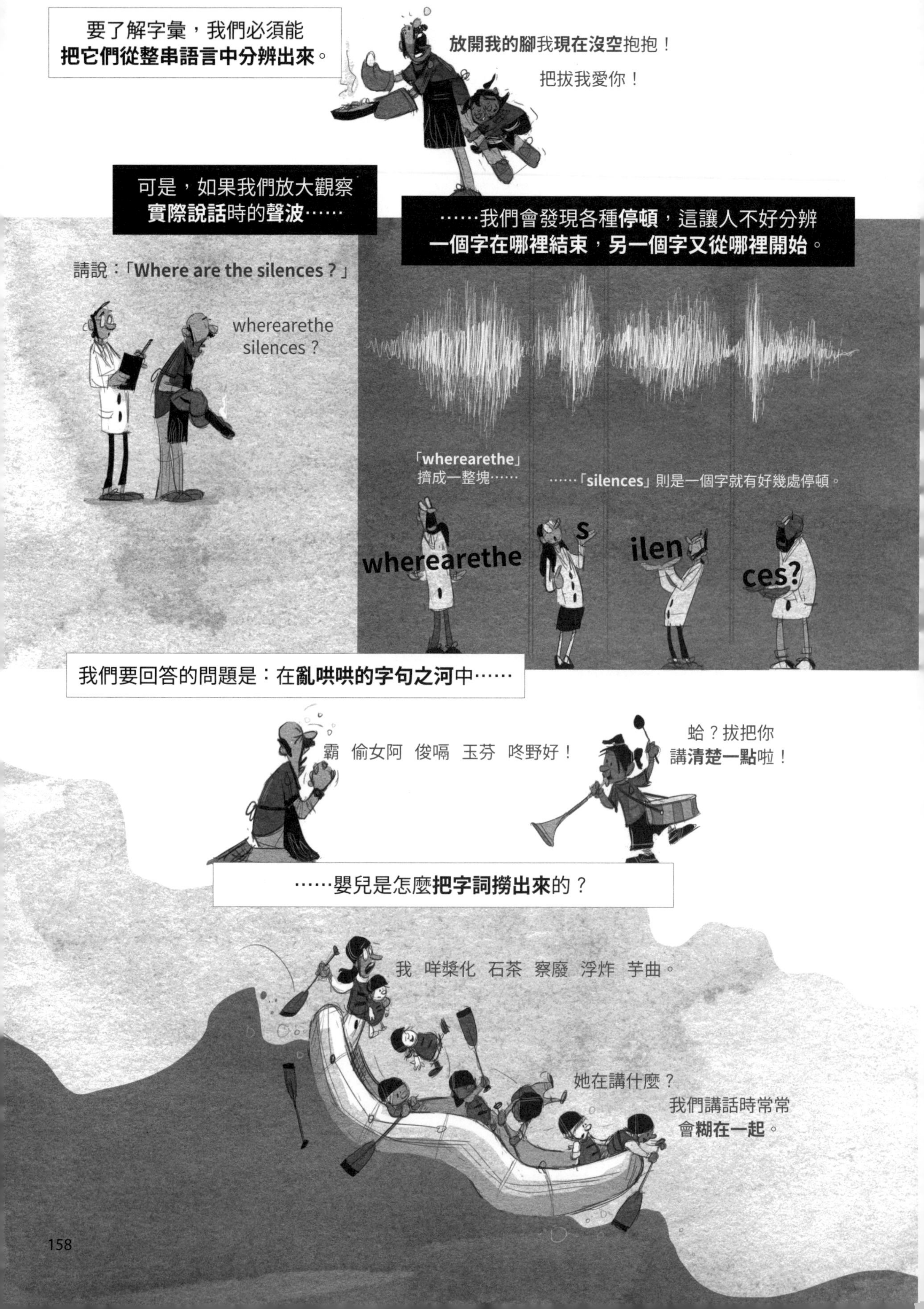

要了解字彙，我們必須能**把它們從整串語言中分辨出來**。

放開我的腳我現在沒空抱抱！

把拔我愛你！

可是，如果我們放大觀察**實際說話**時的**聲波**……

……我們會發現各種**停頓**，這讓人不好分辨**一個字在哪裡結束，另一個字又從哪裡開始**。

請說：「Where are the silences？」

wherearethe silences？

「wherearethe」擠成一整塊……

……「silences」則是一個字就有好幾處停頓。

wherearethe　s　ilen　ces?

我們要回答的問題是：在**亂哄哄的字句之河**中……

霸　偷女阿　俊嗝　玉芬　咚野好！

蛤？拔把你**講清楚一點**啦！

……**嬰兒是怎麼把字詞撈出來**的？

我　咩槳化　石茶　察廢　浮炸　芋曲。

她在講什麼？

我們講話時常常**會糊在一起**。

158

有種辦法是用**統計規律**去聽……

以這句話為例……

…your**sugar**daddygives**sugar**cookieswithhigh**sugar**contentto his**sugar**plumfairy…

……「shu」這個音後面一定是「gar」……

……可是「gar」這個音後面會接「da」、「coo」、「con」和「plum」。

……因為這能聽出哪些音節更可能組合成字。

「shu」後面接「gar」的機率是一分之一……

……可是「gar」後面接「da」、「coo」、「con」或「plum」的機率**只有四分之一**。

所以「**shugar**」更可能是字……

比「garcoo」或「garplum」是字的可能性更高。

問題是：嬰兒**真**的會這樣做嗎？

我押「shugar」。

這是**統計推論**！

令人驚訝的是：他們真的會！

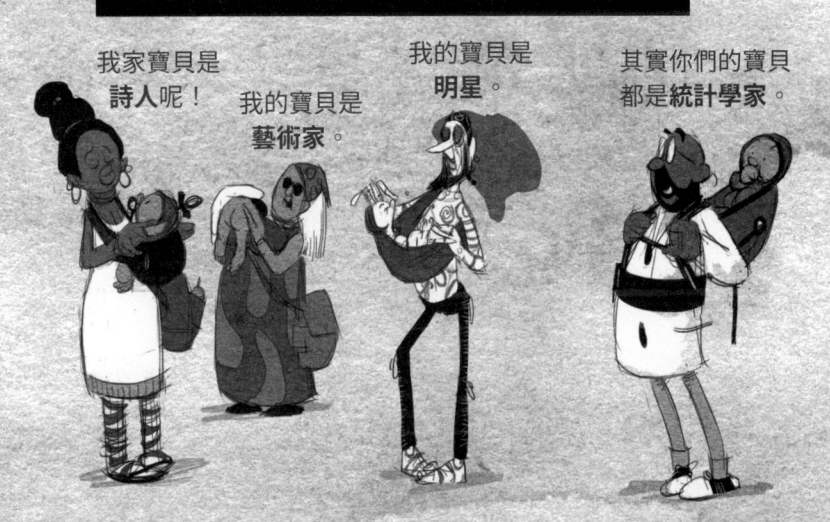

我家寶貝是**詩人**呢！

我的寶貝是**藝術家**。

我的寶貝是**明星**。

其實你們的寶貝都是**統計學家**。

為了驗證我們**學習字彙**時是否有察覺到**統計模式**……

……心理學家設計了一個實驗：向一些嬰兒播放一串**三音節的假單字，不斷重複，隨機播放**……

Go-La-Ti, Bi-Da-Ku, Re-Me-Fa,
Re-Me-Fa, Go-La-Ti, Re-Me-Fa,
Bi-Da-Ku, Go-La-Ti, Go-La-Ti

……**一直放到嬰兒感到無聊為止。**

那些聲音是怎麼回事？

什麼意思也**沒有**。

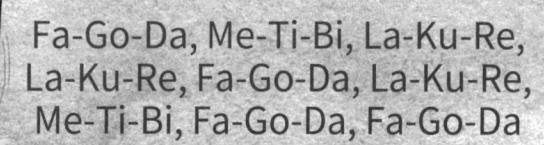

然後，心理學家**更動**字裡頭的**音節順序**……

Fa-Go-Da, Me-Ti-Bi, La-Ku-Re,
La-Ku-Re, Fa-Go-Da, La-Ku-Re,
Me-Ti-Bi, Fa-Go-Da, Fa-Go-Da

……結果發現：嬰兒們會**暫時重新提起興趣。**

那些**聲音**有什麼**不同**？

還是一樣，什麼意思也沒有。

這至少可以說明：嬰兒會**注意到轉移機率改變**……

我懂了！FA-GO-DA 就跟 GO-LA-TI 一樣**沒意義**！

我懂了！

……可是，對於我們如何學習語言，這**還**能帶給我們什麼啟示呢？

你也許會想：英文**字那麼多**，怎麼可能都用這種方法學呢？

什麼是 **ineluctable kumquat quagmire**？

意思是「**查字典**」。

不過，把**錄音機**綁在嬰兒頭上後……

……心理學家發現：他們聽到的字大多不出一組只有**200字**的詞彙庫。

我會把你接受到的詞語**全部**收進這個隨身碟裡。

喂，你有獲得**許可**嗎？

我是喜歡**那傢伙**沒錯，可是那女人**纏著那傢伙**不放，那傢伙又偏偏吃**那套**，開始開那破車接那女人……

理論上，等到他們學會這200個字以後，他們會**開始**學其餘的字。

舉例來說，「**那**」的後面通常會接名詞。

所以一聽到「那」，後面很有可能是**名詞**對吧？

我懂了！

一旦你的神經網路夠大，就能開始**抓進其他的字**。

不過，我們最後還是來談談**更具爭議性**的問題吧！

161

我們**學會一種語言**之後⋯⋯ ⋯⋯**這種語言會形塑我們的經驗**嗎?

我以前用奶嘴思考⋯⋯
⋯⋯現在用文字思考。

而且哟,你說的語言的任意特徵⋯⋯
⋯⋯會影響你的思考方式!

這種提問方式,是1900年代早期由語言學家**班傑明・沃爾夫**發展的⋯⋯

我叫它**語言相對論**!

⋯⋯它已促成很多**稀奇古怪的理論**⋯⋯

沒聽過「自由」這個字的人,被壓迫時⋯⋯
⋯⋯不可能為**爭取自由奮鬥**⋯⋯
⋯⋯也不會上網比價。

⋯⋯**高度爭議的論辯**⋯⋯

如果你根本沒有某個東西的詞,你又怎麼思考那個東西?

你需要詞的話就**自己造出來啊**⋯⋯

⋯⋯比方說**「屁話人」**!
這是我給你新造的字!

語言決定思考!

語言反映思考!

⋯⋯謝天謝地,它也啟發了一些**有趣的研究**。

為驗證**文法**如何影響經驗⋯⋯

好，我們現在來講文法還有字彙！

吼～～

⋯⋯研究人員分別從**西班牙文**和**德文**裡挑出一些字，它們在一個語言裡是**陰性**，在另一個語言裡是**陽性**。

在**西班牙文**裡，「鑰匙」是**陰性字**：「la llave」⋯⋯

⋯⋯可是在**德文**中，「鑰匙」是**陽性字**：「der Schlüssel」

在**西班牙文**裡，「橋」是陽性字：「el puente」⋯⋯

⋯⋯可是在**德文**中，「橋」是**陰性字**：「die Brücke」

然後他們請兩種語言的受試者**用英文描述那些東西**，結果發現：字的陰陽性會影響他們的描述。

它精緻、優美又小巧。

它堅硬、沉重又有鋸齒。

它厚實、聳立而**巨大**。

它美麗、優雅又修長。

提醒一下，這個研究**有爭議**⋯⋯

語言影響他們**看東西的方式**！

才怪！ 語言只是讓他們**描述**方式不同！

⋯⋯可是它應該提醒了我們一件**重要**的事。

163

語言就像我們學到的**其他認知工具**一樣。

雖然這些工具能幫我們從**混亂**與**模糊**中**理出秩序**……

我們都會用**由上而下推理法**……

……**語用法**……

……和**統計推論**……

來決定我們的所**說**所**聞**。

我想我**抓到**你意思了！

……但無可避免的是，它們也會**影響**我們對周遭事物的詮釋。

Draw!

Duck!

＊〔譯註〕Duck可指「鴨」或「低頭」。

第10章
人格

另一種了解他人的方式……　　　　……是描述他們。

瞧那兩個丟人現眼的怪咖。

你這白痴脾氣暴躁又愛拍馬屁。

你有資格講我!?你才是自我中心的無恥渾球！

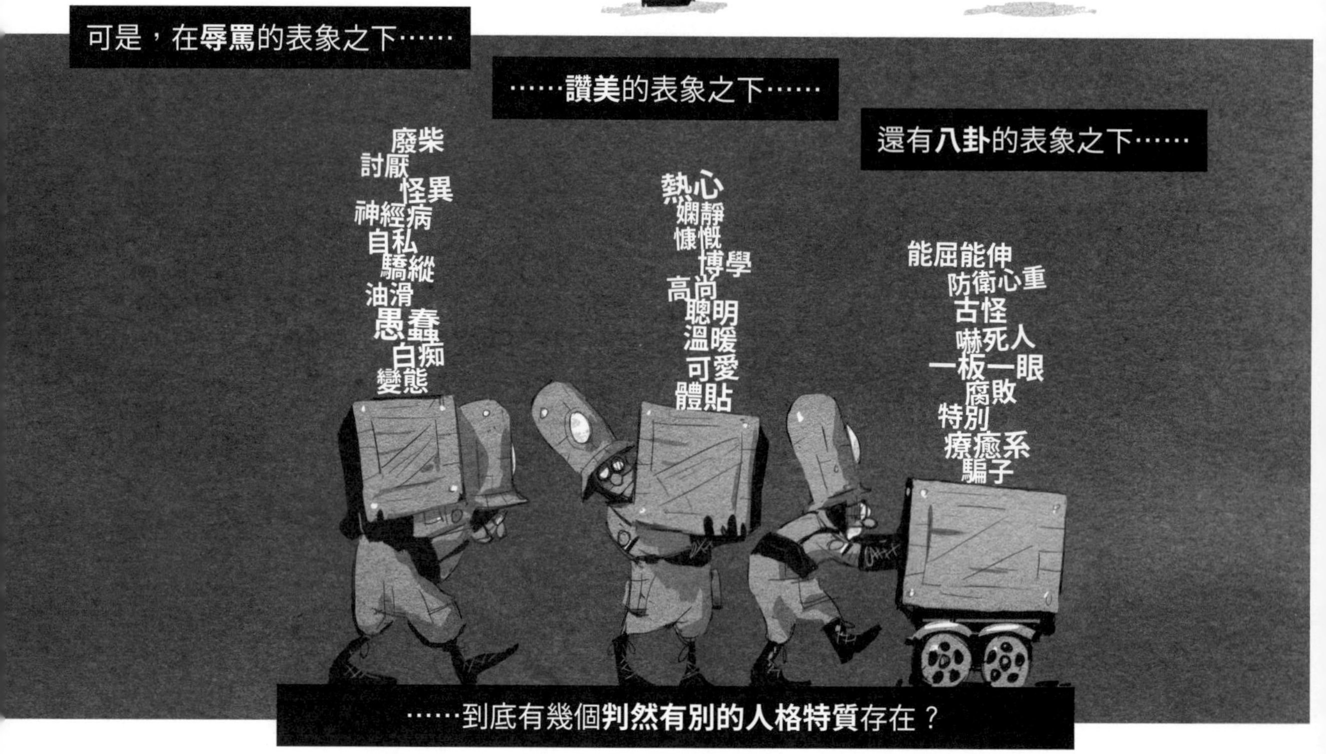

可是，在辱罵的表象之下……

……讚美的表象之下……

還有八卦的表象之下……

廢柴　討厭　怪異　神經病　自私　驕縱　油滑　蠢蟲　愚　白痴　變態

熱心　嫻靜　慷慨　博學　向明　聰暖　溫愛　高可　體貼

能屈能伸　防衛心重　古怪　嚇死人　一眼　一板　腐敗　特別　療癒系　騙子

……到底有幾個判然有別的人格特質存在？

他們說我老是緊張兮兮、神經緊繃、情緒化、情感激烈、反應過度……

……妳覺得他們是什麼意思？

166

為了回答這個問題，早期人格心理學家列了**長長一份清單**……

abrasive
abrupt
absolutist
abstemious
active
acute
adoring
adept
adaptable
adjustable
adrift
adroit
aesthetic
affecting
afeared
ageless
aggressive
aglow
aimless
altruistic
algophobic
aloof

……寫下我們**常用**來**給彼此分類**的形容詞。

接著，他們發揮**聰明才智**……

……使出統計本領……

這些詞很多是指類似的東西！

對藹 好相處

這些詞有**共同點**。

好心 和藹 隨和 親切 友善 善良

……把這些詞歸納成五類。

大多數的人格差異都能以**五個面向**描述。

嚴謹性（Conscientiousness）
親和性（Agreeableness）
神經質（Neuroticism）
開放性（Openness）
外向性（Extroversion）

可以簡寫為CANOE……

……或是OCEAN。

167

以這**五大人格特質**為準，**評估彼此人格**的最佳方式，是看我們**處在五個量尺的哪個位置**。

我們每個人都有這五種人格特質，只是**程度有別**。

嚴謹性
衡量的是自我要求是否**嚴格**，還有**紀律**和**組織能力**。

我來赴 **7點**的約。

喔好，不過現在才 **6點45分**。

嗨，我想我是約 **6點**的吧？

高   **低**

親和性
衡量的是**合作能力**，以及**慷慨**和**友善**程度。

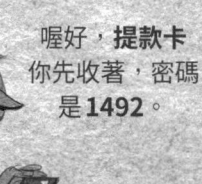

喔好，**提款卡**你先收著，密碼是 **1492**。

對了，需不需要載你一程？還是先吃點東西？或者按摩一下？

有沒有人可以給我 **50塊**？

不要！

高   **低**

神經質
衡量的是**情緒**經驗，尤其是**負面情緒**。

我**超不舒服**！
我**超緊張**！
我怎麼知道他是不是**恐怖分子**？他幹麼拿支鉛筆看我？他會不會突然撲上來刺我胸口？

別擔心啦！

高 — **低**

開放性
衡量的是我們面對**新經驗**的態度。

有沒有人想嘗嘗**油炸蚱蜢韓式泡菜波蘭餃**？

高 — **低**

外向性
衡量的是我們**喜不喜歡別人陪伴**。

開趴囉！

噓

高 — **低**

169

請記得：**五大人格特質普遍穩定**。

我在凌晨3點與下午3點都像這樣。

10年後，我還是會這樣。

雖然它們**在我們一生中也會略微變化**⋯⋯

⋯⋯但即使是在環境要我們做出不同行為時，這些特質還是**相當穩定**。

嚴謹性往往會**在年輕時提升**⋯⋯

如我們在**第11章**將提到⋯⋯

噓⋯⋯

⋯⋯即使是**外向的人**，進圖書館也會安靜。

⋯⋯**在年老時下降**。

所以最好把它們當成**特質**，而非**技能**。

我喜歡獨處⋯⋯

⋯⋯但這不代表你社交能力差。

我喜歡跑趴⋯⋯

⋯⋯但這不代表妳是**派對女王**。

更重要的是：雖然我們**經常忘記**，但它們是**價值中立**的。

自動自發、有批判精神、懂得放鬆、生活規律的內向者⋯⋯

⋯⋯並**不比**嚴謹自律、和藹可親、開放而神經質的外向者更好。

因為這五個面向**穩定可靠**……
……而且能用來**準確預測一個人**……
看吧？那老太婆**一向**
比我有親和力。
如果你想找人嘗看看**清蒸蜈蚣**
涼拌榴槤醬獅子頭……
……別找**戴夫**，
去找**雀兒喜**，
她**開放**多了。
……所以它們**對科學研究很有用**。
可以用它們
設計**實驗**！
有請**外向者**跟**神經質人**
進**史金納箱**……
這讓它們與過去流行的**偽心理範疇**不同……
我不洗碗，因為
我**有黏性體質**，**膽汁過剩**，
而且是樂觀類憂鬱型人。
你**找理由型**啦！
……也跟**網路**上的人格分類不一樣……
嘿，我在**諸葛孔明人格**
分類裡是**周瑜型**耶！
意思是我**帥氣**、
聰明、**瀟灑又高貴**！
……後兩種都**沒有預測能力**。
我的相位顯示今天
應該**力爭上游**。
我的相位說我今天
應該**多叫幾聲**。

雖然五大人格特質**最能**預測人與人間的不同行為……

長期來看，它們是我們
最始終如一的特質。

……還有**別的**人格特質類型
禁得起**科學檢驗**。

舉例來說，可衡量差異的人格特質還有**馬基維利型**……

哪有這樣的！
妳耍詐！

所以咧？反正是我贏。

……**權威型**……

你……你幹麼
踩我臉啊？

沒為什麼，
因為**我是老大**。

……**自戀型**……

我討厭鏡子。

大多數人都不適合
戴這頂帽子。
可是我戴起來
就是帥！

……**幽默型**。

帽子跟領帶說啊：
你在這裡慢慢晃吧，
我要爬到人頭上去啦～

粗這個也癢，
粗那個也癢

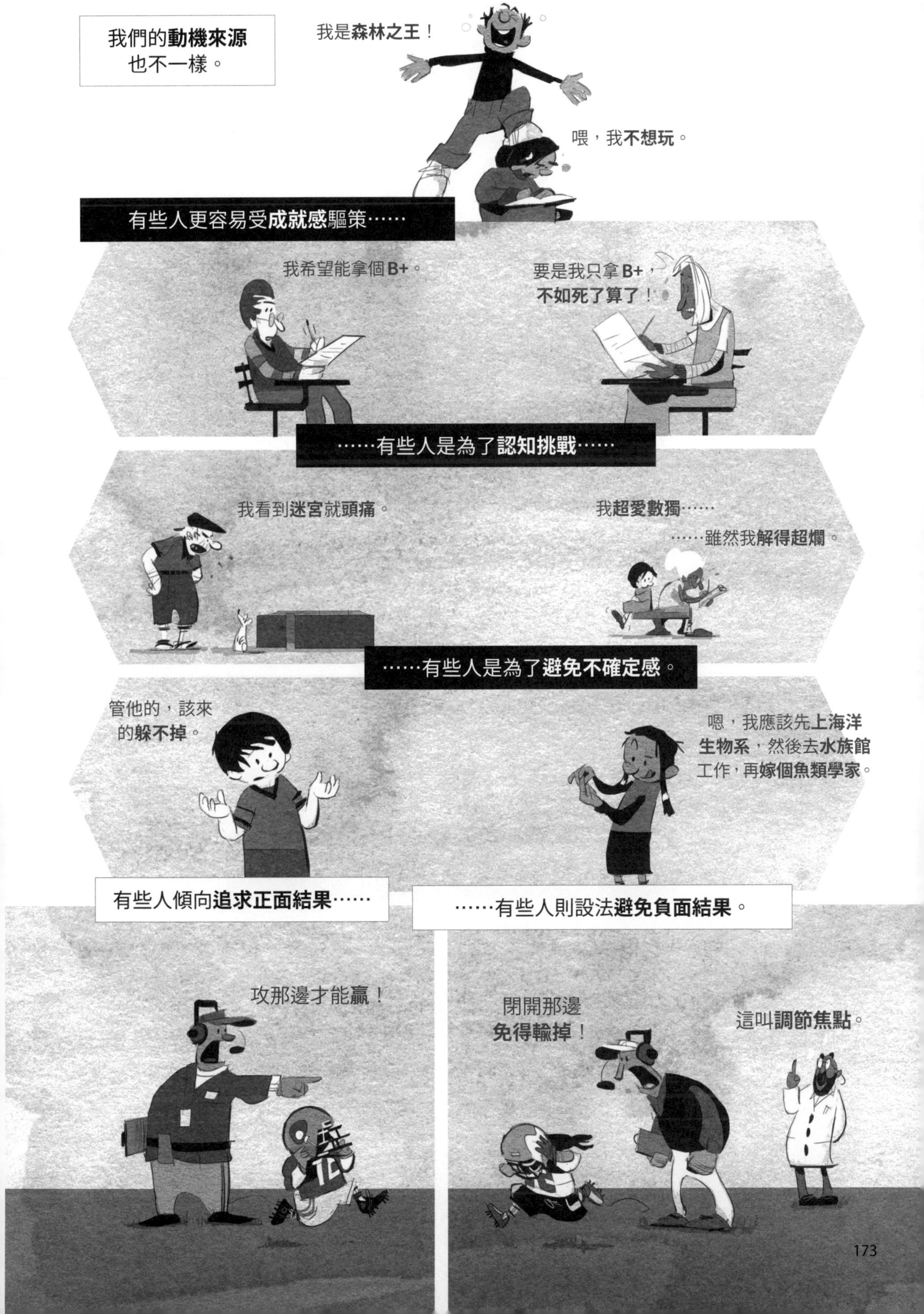

我們的**動機來源**也不一樣。

我是**森林之王**！

喂，我**不想玩**。

有些人更容易受成就感驅策……

我希望能拿個 **B+**。

要是我只拿 **B+**，**不如死了算了**！

……有些人是為了認知挑戰……

我看到**迷宮**就**頭痛**。

我超愛**數獨**……

……雖然我**解得超爛**。

……有些人是為了避免不確定感。

管他的，該來的躲不掉。

嗯，我應該先上海洋**生物系**，然後去水族館工作，再嫁個魚類學家。

有些人傾向追求正面結果……

……有些人則設法避免負面結果。

攻那邊才能贏！

閃開那邊免得輸掉！

這叫**調節焦點**。

人受不同目標驅策而行……

我想**統治**世界！

我想畫這朵花。

……但有些人得學會等待。

我什麼都要！什麼都要！**現在就要**！

我們就要相遇……
……**在明天**。

有個經典實驗是：**放個棉花糖在屋裡，讓小孩子單獨待在裡面**……

如果你能等15分鐘，我就給你**2個**。

……有些孩子能**忍住**不吃……

坐在這邊盯著等，時間好像過得特別慢。

……另一些孩子**忍不住**。

從**延後享受棉花糖**的能力差異，可以預測他們**14年後**的會考成績和BMI值！

丁丁，你最好**開始K書**。

也有證據顯示：我們**看待自身技能**的心態不同。

我是**天生好手**。

我是**苦練**出來的。

舉例來說，有些人傾向認為自己的**智力是不變的**……

……其他人認為智力有**可塑性**……

我**臂力**很好。

我把**臂力**練得很好。

……從這項差異可以預測**我們對退步的反應**……

要是他抬不太起來……

……他會**放棄**。

要是她抬不太起來……

……她會**更努力**抬看看。

……也可以預測我們會給自己什麼**目標**。

他只做他**擅長**的事。

她會**不斷自我改進**。

其他研究指出：我們會以不同心態面對不同課題。

我**天生**就能掌握騎單輪車的訣竅……

……可是雜耍是我**苦練**出來的。

175

很明顯的是，我們的**人格相當複雜**……

我的**五大人格特質分數超高**！

拜託，那又**不是比賽**……

……你真是個**萬年不變的自戀者**。

……可是，這並不會讓我們不**對彼此驟下判斷**……

……不論這些判斷是否**正確**。

他很隨和……

……而且**善於傾聽**！

呃，其實他是**心理變態**。

很多實驗顯示，我們**很快**就會開始**評價別人**……

……不過，隨著我們觀察到更多細節，我們也會隨時**調整這些評價**。

她只花半秒就覺得**不能信任你**。

他喜歡假裝自己很壞……

……其實他**好心得很**。

這讓我們想問一個問題：評價別人時，**我們該注意什麼地方**？

妳覺得他會是**好老公**嗎？

我們闖進他家看看。

176

在生活中，我們會留下與**自己的人格有關的線索**。

用心理學術語來說，這些線索包括**身分宣告**……

我們會有意識地表明**自己是什麼樣的人**……

……例如穿**特定風格的衣服**……

……展現愛國心……

……把獎盃擺出來……

……或是把**自豪之處秀出來**。

……**感覺調節物**……

我們也會把自己的環境弄得**又舒適又能恢復活力**……

……例如把家庭照片掛在床邊……

……把紀念品擺在桌上……

用自己喜歡的顏色粉刷牆壁……

……或是買個懶骨頭。

……以及更廣泛的**行為痕跡**。

也就是我們**無意之間**給人的印象。

這傢伙邋遢。

他是個整潔的人。

他老是**張大嘴巴大嚼特嚼**。

177

這些**人格線索**遍布我們的**生活空間**……

這傢伙的房間簡直是**豬窩**。
低嚴謹性！

……我們**溝通時**就留下不少……

這位仁兄用**空蕩蕩的風景照片**當桌面，裡頭一個人也沒有：
內向者！

……也能在我們的**習慣**裡看到。

這傢伙聽**饒舌音樂、鄉村音樂和巴哈**的曲子：
很開放！

事實上，只要是你**想得到的地方**，全都有你留下的人格線索。

我們**搜一搜垃圾桶**，也許又能看出她別的面向。

它們就像我們用來**嗅聞彼此**的資料。

親和！

神經質！

哈囉，有人在乎我很尷尬嗎！

我們對彼此的**印象的準確度**，取決於我們在哪裡聞。

如果你真想知道她有多**開放**……

……聞她的**窩**，別聞她**屁股**。

舉例來說，想評估一個人的**開放性**，最好的方法是仔細看看他的**臥室**……

……會比實際見面更準。

看來他喜歡嘗新……

……從這些**旅行貼紙**可以看得出來……

……他從沒提過呢！

如果要評估一個人的**嚴謹性**，最好去看她的**部落格**……

……而非研究她喜歡哪種**音樂**。

她寫得**有條有理**……

……**文法細節**也掌握得很好。

你知道她是**死亡金屬**迷嗎？從她愛聽的音樂可看不出來她有這一面。

此外，雖然我們評估**外向性**通常很準……

……我們判斷觀察**親和性**和**神經質**的能力常有盲點。

他是**派對動物**……

……你看他怎麼**影印**東西就知道了。

不過，人不會到處講**自己有多慷慨**……

……也不會四處宣揚**自己的焦慮**。

當然，我們對別人的評價也可能是**錯的**。

從她**領結的顏色**看來……

……她**百分之百又親切又有同情心**。

呵呵，其實她是隻壞狗狗……

……所以她得**待在狗屋裡**。

我們以人格特質來解釋**彼此之間的不同**。

這是我**身分認同**的一部分。

不論這些特質是**繼**承而來的……

我們家族**每一代**都是如此。

……或是**學到**的……

我太太也**支持**。

……它們都是預測我們**長期**行為表現的好方法。

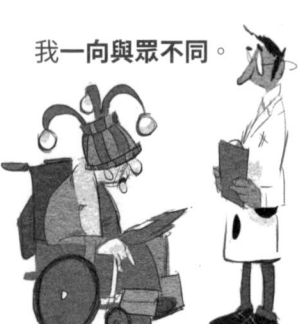

我一向與眾不同。

不過，我們在下一章也會看到：如果**有什麼事**能讓我們更**相似**而非相異……

……那就是：我們是**環境的動物**。

只要戴頂蠢帽子，冰淇淋免費請你吃！

第11章
社會影響

我通常**很準時**，可是今天沒辦法……

我們的**每個**行為都**深受環境影響**。

我想當藝術家！

當父母的應該**給她支持**……

……好啊，**拿得出顏料**再說。

不過，在**看待別人的行為**時，我們傾向**無視這個事實**……

……而過度強調**人格**的影響。

他為什麼**偷我柳丁**？

可能是餓了吧？搞不好是那些柳丁剛好長得很低？或者他不知道那些柳丁是您的？

才怪！

他就是個小偷！

這種偏見相當強大，被稱為**基本歸因謬誤**。

在我們解釋別人為什麼做某些事時……

……**我們經常忘了考慮環境**！

182

雖然我們往往能察覺**環境**對**自己行為**的影響……

……可是看別人時常常缺乏這份眼力。

因為我**考前那晚沒睡**，所以我考砸了。

她鐵定**沒把學業當回事**。

所以在這一章裡，我們要談談**環境**如何影響我們。

別人都怎麼**想**呢？

是誰**作主**？

我的**角色**是什麼？

前後脈絡是什麼呢？

我該**相信**誰呢？

從眾！

聽話！

盡好你的本分！

快點！

相信我們！

我們會著眼於**社會環境**，因為這種影響**最顯而易見**。

我覺得自己**滿有主見**。

哈哈，不對喔……

……其實是我們**幫妳想好的**。

從眾

其他人都怎麼想？

我們都知道，人會被別人**穿什麼**影響⋯⋯

⋯⋯也會被別人**怎麼做**影響。

每個人都這樣穿！

OK！

每個人都這樣走路！

喔，我了解了。

可是，**跟隨社會風尚**的驅力甚至比我們以為的**還大**⋯⋯

每個人都認為
2加2等於5。

呃⋯⋯

⋯⋯這個⋯⋯

⋯⋯我想大家會這樣想
一定有道理吧！

⋯⋯**所羅門‧阿希**的開創性
研究說明了這點。

阿希請**六個人**進屋，問他們簡單到不行的問題。

不過其中有**五個**是他請來的暗樁，他們的任務是**故意答錯**。

1) ＿＿＿＿＿
2) ＿＿＿＿＿
3) ＿＿＿＿＿

請問哪條線**最長**？

第一條。

當然是**第一條**啊！

對啊，第一條。

嗯，是第一條沒錯。

?!

廢話，就第一條啊！

阿希在旁記錄另一個人會回答**明顯正確的答案**……

……還是**明顯錯誤**的那個……

呃……
……哪一條呢……
……我看看……
……嗯，第一條。

……結果發現，只有**少數人對群體壓力免疫**……

在整個實驗裡，**大多數人至少從眾一次**。

……群體壓力甚至能讓人**捨棄較好的判斷**。

現在**大家都這樣穿搭**……
……**這樣走路**……

……意見通常也跟**推特河道一樣**。

185

順從

誰說了算？

同樣地，大多數人**尊重權威**，即使權威**已然失控**。

為研究這個現象，**史丹利·米爾格蘭**請受試者跟一位**權威人士**待在屋裡，給他們一台「**教學機器**」。

跟他們說：為協助一位陌生人**學東西**……

您好，我是**科學研究人員**。這台是**教育工具**。

……機器會電擊他們。

他在另一個房間裡。如果他答錯記憶測驗，就按這個。

嗞嗞嗞！

嗞嗞嗞！

吚呀！！！

不過，那位陌生人也是請來的**暗樁**，任務是假裝被電擊。

只要「學習者」**答錯**字彙測驗的題目……

……研究人員就命令「老師」**增加伏特數**。

抱歉，這題我不會

啊～～

妳確定真的要這樣嗎？

嗯哼。

嗞嗞嗞！

就這樣一直增加、一直增加、一直增加。

救命啊！

電擊是關鍵。

真的嗎？

嗞嗞嗞！

快停啊！

裝沒聽到。

蛤？

嗞嗞嗞！

我心臟病發了！

調到11級！

嗞嗞嗞！

令人驚訝的是，**即使在伏特數已達致命數值之後**，將近三分之二受試者還是繼續聽命行事。

你們有良心嗎？想想我的感受！

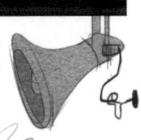

可是我這樣**超不安的**。

按下去就對了。

嗞嗞嗞！

這有助於解釋很多**現實世界的悲劇**為什麼會發生。

啊！拜託不要這樣！

抱歉，我奉命行事而已。

187

社會角色

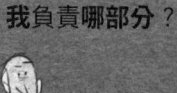

我負責哪部分？

正如演員**在舞台上得扮演角色**，我們**在日常生活中也得演好自己的角色**……

喔，這堅強又堅強的**身體終於融化了**。

喔，這累人又累人的**值班總算能結束了**。

……然而，這也會造成**極端結果**。

小鬼，你自己跟**警徽**說吧。

對於這個議題，最**令人不安**的實驗之一是**史丹佛監獄研究**……

嗨，豪哥。

嗨，阿三。

……志願參加的學生被**隨機安排**為**囚犯或獄卒**……

這是你的**名牌**跟腳鐐。
去排隊**滅虱**。

盯著他們**好好排隊**。
這是你的**警棍和墨鏡**。

……研究者觀察這些角色會如何影響**他們的行為**。

不幸的是，雖然每個人都知道這是**角色扮演**……

嗨，豪哥。

嗨，阿三。

……志願者的行為**很快**就變得讓人坐立難安……

給我在**水泥地上**躺平！

屎就拉在**這裡**！

侵害人權！

好了不起啊，進獨居房！

你只是個編號而已，聽懂沒有！

……研究者不得不**提前中止**實驗。

扁死你個%*#@！

停！停！

如果連平時算是友善的人**假裝扮演角色時**，都會出現這麼**糟糕的行為**……

豪哥，**抱歉**我剛剛那麼機車。

呵呵，我也覺得有點**尷尬**啊，阿三。

……在扮演**真實角色**時，又能做出什麼事呢？

嘴巴挺硬的嘛。

情境限制

脈絡是什麼？

我們已經看到行為受**關係**的影響很深……

……在此同時，行為也會受我們身處的環境限制。

在週末我說了算。

職場上我是社畜。

舉例來說，為了觀察**被催促**會怎麼改變我們的行為……

……約翰・達利和丹尼爾・巴特森找來一些見習神父……

……請他們以**好撒馬利亞人**的寓言為題寫篇講道。

我們要奉獻自我，**幫助別人**。

我得幫幫這個**可憐人**。

幫幫我！

受試者得知他們要在**附近某個地方**講這篇道……

……可是**其中只有幾個人**被告知他們**得趕快去**……

快點！
不然要遲到了！

……光是這點差異，就讓他們**更不可能協助**被研究者安排在路上的**可憐人**。

抱歉，我趕時間，我要遲到了。

幫幫我！

在這個例子裡，**情境**比**人格**影響力更強……

趕時間……
……讓你**忘了聖經**！

……而生命中**充滿類似情況**。

妳吃了**五香美乃滋薯條蛋糕**？

妳一定對新經驗很開放。

不，我只是**餓翻了**。

說服

我該相信誰呢？

最後，雖然我們可能**傾向某種行為**……

……我們也經常會**被說服採取另一種行為**。

我一向照自己的意思做。

我是萬人迷。

我一定照妳的意思做。

有時候，我們接受說服是因為**出現重要的新資訊**。

那套**論述**改變了你原有的想法。

可是，我們有時也會被**不算重要**的資訊說服……

……只因為它們**剛好受到我們注意**……

我們有時還會被**毫無意義**的斷言說服……

……只因為它們**聽起來像是解釋**。

調查顯示：謀殺案的標準差正在提高。

聽起來很重要……
……嗯，一定是這樣。

你們得**相信我**，因為我是**你們能相信的人**。

聽起來挺有**說服力**……
……嗯，一定是這樣。

此外，我們對自己以為**稀有**的東西毫無招架之力。

超美味烤麵包機便宜賣，**機會只有一次！**

聽起來**挺難得**……
……我買了！

很明顯的是，**有吸引力**又**懂得交際的人**所提出的要求，說服效果更好……

擦香水讓她變得更受歡迎。

……因為人人都想**滿足他們**。

我喜歡你。

我相信妳！

這能解釋我們何以用**互惠原則**回應彼此……

……也願意作出**讓步**。

我幫您搔搔背……

……您就也幫我搔搔背，再買份保險，如何？

好啊。

我開價**50萬**，但你拒絕了。

我只能降到**30萬**，不能再低了。

我最好接受，否則會顯得自己**是個怪胎**。

這也能說明，為什麼在**提倡某種行為時**……

……光是提到**其他人已經在做**，效果會更好……

……而且講得**越仔細，效果越好**。

我們**資源回收**要做得更徹底！

80%的人已經開始回收……

……這一牌的汽水罐。

說服（續）

最有魔力的說服技巧，或許與我們強烈希望能**感覺一貫**有關。

我真不敢相信你說服我這樣做。畢竟我根本不怕搭雲霄飛車！啊啊啊啊啊啊啊啊！！！

在前幾章裡，我們已經看到這種期望如何影響我們的**認知**……

你相信你的神經網路**有道理**……

……所以你無視與你相信的東西矛盾的證據。

這叫**確認偏誤**！

……以及**後設認知**。

我相信我一向知道那件事！

這叫**後見之明偏誤**！

其實，它也會影響我們**對自己行為的感覺**。

我相信我的**信念**和我的**行為**緊密契合。

這可以說明：在我們**做決定**時，為什麼經常會**受自己以前的行為引導**。

我點我一向點的那個。

要想我真正想點什麼太麻煩了。

點得好。

194

不過，當我們的信念與我們的行為不緊密契合，會造成**認知失調**⋯⋯

⋯⋯我們可**不喜歡**這種感覺。

我才**不是**怕騎牛的膽小鬼！

我頭好痛！

所以，當**環境**迫使我們**改變行為模式**⋯⋯

⋯⋯我們通常會**改變心態**加以調適。

我現在得改去**芭樂超市**買東西了，因為我**去新辦公室的路上**只有這間。

嗯，搞不好來**這裡買東西的**並不都是窮鬼。

於是，別人也可以利用這點來**說服我們**。

如果你想讓別人做某件**他們並不想做的大事**⋯⋯

⋯⋯你一開始可以請他們**做較小的事**⋯⋯

買我們的書！

可以把這個廣告插在您家草坪嗎？

你腦子有病嗎？

那可以改插這個嗎？

呃⋯⋯好吧！

⋯⋯因為**一點一滴**讓他們覺得自己傾向「**好**」，經常會改變他們一開始的「不好」。

買我們的書！

您好，現在可以把**這個**廣告插在您家草坪了嗎？

好吧，但這是因為我始終如一。

這叫**得寸進尺法**！

總之，**人格**就像**我們彼此差異的平均值**……

……我們往往**太看重它了**。

有些人更像**這樣**……

……有些人更像**這樣**。

但我們的**共同點**多過**差異**。

想進一步深究**一個人行動的原因**，我們還得留意他們身處的**環境**……

我們之所以不會**困在那裡**……

……是因為我們會**調適行為以適應環境**。

危險！前有坑洞

……尤其是**社會性因素**。

你為什麼在這？

因為我看其他人都跳進來。

接下來，我們要看看在**評判別人時常犯的其他錯誤**。

第12章
刻板印象與群體

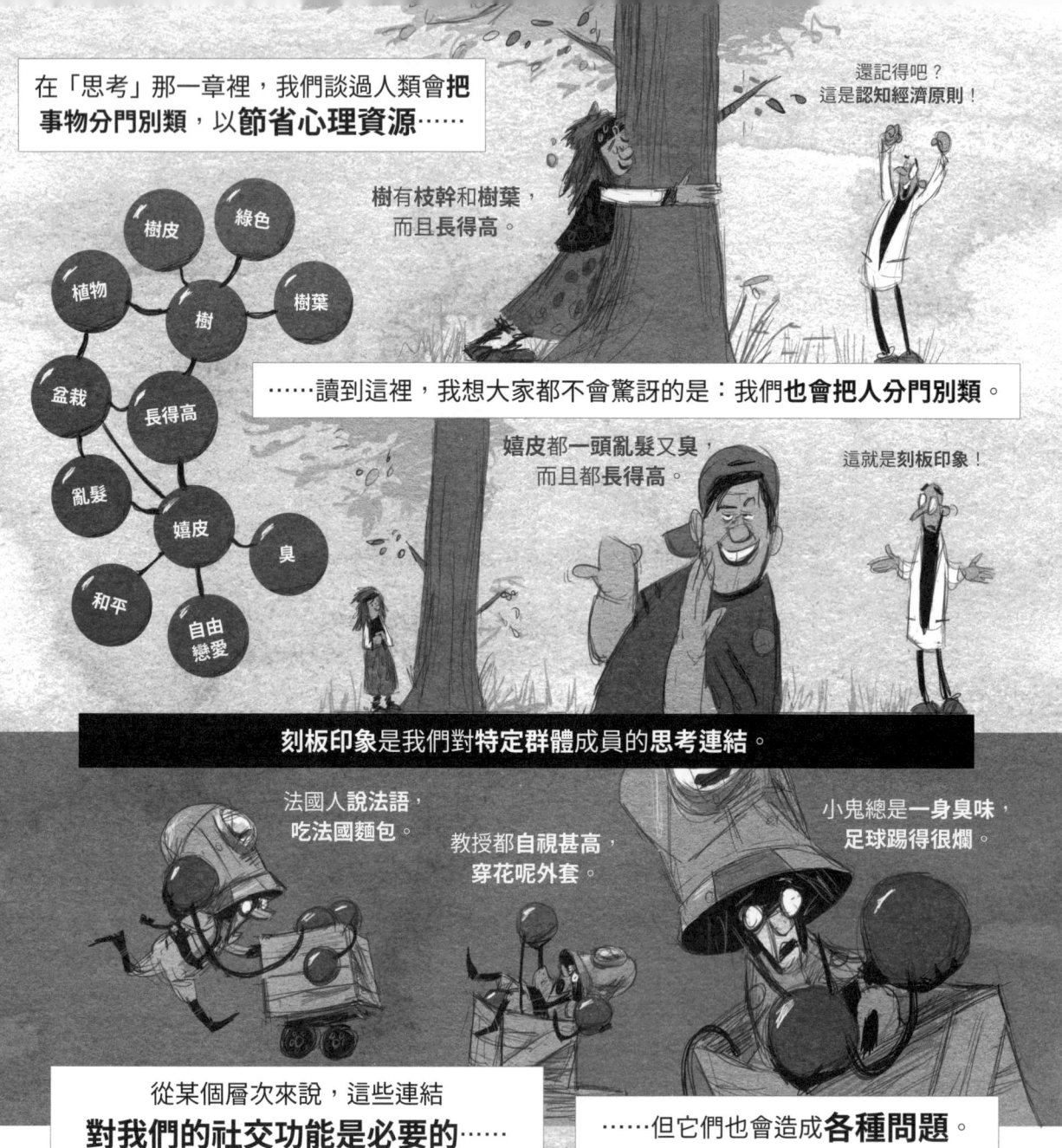

在「思考」那一章裡，我們談過人類會**把事物分門別類**，以**節省心理資源**⋯⋯

還記得吧？這是**認知經濟原則**！

樹有枝幹和樹葉，而且長得高。

植物／樹皮／綠色／樹／樹葉／盆栽／長得高／亂髮／嬉皮／臭／和平／自由戀愛

⋯⋯讀到這裡，我想大家都不會驚訝的是：我們**也會把人分門別類**。

嬉皮都一頭亂髮又臭，而且都長得高。

這就是刻板印象！

刻板印象是我們對**特定群體成員**的**思考連結**。

法國人說法語，吃法國麵包。

教授都自視甚高，穿花呢外套。

小鬼總是一身臭味，足球踢得很爛。

從某個層次來說，這些連結**對我們的社交功能是必要的**⋯⋯

⋯⋯但它們也會造成**各種問題**。

我會以我對你們這類人的認識，來幫助自己**預測你的行為**⋯⋯

⋯⋯例如你說的是哪種語言⋯⋯

⋯⋯以及你是否**沒有我來得重要**。

首先，很多刻板印象**並未準確反映事實**。

即使它們是真的，我們也經常**擴大解釋**。

法式薯條好**油膩**……

……法國人一定也油膩膩的！

矮子搆不到提款機……

……所以**他們一定沒有理財能力**！

因為我們的刻板印象常常只**依據非常有限的證據**……

……但刻板印象往往造成**嚴重後果**。

我第一次見到的**海盜留大鬍子**……

……所以我總覺得**每個海盜都有大鬍子**。

所以，我也覺得**留大鬍子的人都是海盜**！

在這一章裡，我們會試著**理解這種現象**……

妳是「女流」之輩……

……我是「聰明」一族。

……方法是討論**社會分組如何影響我們**……

……又如何影響**被我們歸成一類的人**。

喜歡藝術 / 偏愛粉紅 / 芭比娃娃 / 數學不好 / 甜食 / 火辣 / 溫柔 / **女生**

我比你以為的更聰明！

醒醒吧，妳是自以為聰明！

偏愛藍色 / 喜歡運動 / 三百壯士 / 善於科學 / 燕尾服 / 臭踢 / 慵懶 / **男生**

199

刻板印象就跟我們其他心理連結一樣，也會**由上而下影響我們的所見所聞**……

……**以及我們的記憶和敘述**。

我小時候啊，學校是**女巫**在管的喔！

老爸，你說的是**修女**吧！

穿黑衣 / 可怕 / 女巫 / 吃孤兒

穿黑衣 / 嚴厲 / 修女 / 照顧孤兒

刻板印象有助於我們把模糊未明的事**歸類**。

斧頭 / 瘋狂殺人魔 / 血濺三尺 / 恐怖

喂！我可是**嚇了好大一跳**！

斧頭 / 伐木工 / 紅彩格布 / 超級瑪利

不幸的是，由於刻板印象也會**引導我們對他人行為的感知**……

我得請求**支援**。

這個區域 / 槍枝 / 高犯罪率 / 走廊陰暗 / 可怕

……在不好的狀況下，這些連結會導致**悲劇性誤解**。

警察捉小偷 / 我家 / 「砰！」 / 槍戰遊戲 / 手槍

實驗已一再證明
刻板印象影響之大。

我們如何詮釋**其他人的行為**……

……取決於我們認為他們是**哪一類人**。

舉例來說,讓受試者待在房裡,請他們**詮釋一則刻意講得含糊的故事**……

「那人**晃過房間時對她拋了個媚眼**」,這句話您怎麼看?

……他們的回應會受**與刻板印象有關的細微線索影響**……

喔對了,那個人姓「**葉爾欽**」。

喔,那他一定是**共產黨酒鬼**!

葉爾欽 — 蘇聯
葉爾欽 — 伏特加
葉爾欽 — 俄羅斯

……即使他們**沒有察覺**也是一樣。

喔對了,那個人叫「**奎多**」(Guido)。

喔,那他一定是**黑幫**!

奎多 — 義大利人
奎多 — 《教父》手風琴曲
奎多 — 黑幫

激發效應有助於解釋何以刻板印象**不受反證動搖**。

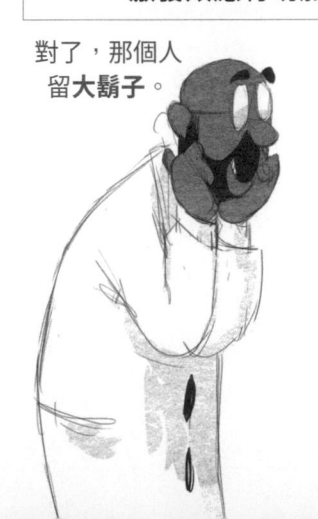

對了,那個人留**大鬍子**。

那他一定是**海盜**。**留大鬍子的男人**全是海盜。

大鬍子 — 不可信任
大鬍子 — 海盜
海盜 — 好色

分類連結也會影響溝通鏈。

PSSTPSST……

PSSTPSST……

PSSTPSST……

傳話遊戲又來囉！

我們可以在**謠言傳遞**研究中看到這點：

如果向人出示一張**違反刻板印象**的照片……

……請他們向**沒看過照片**的人描述內容……

……再請後者向**另一個人**描述內容……

有個修女拿槍搶劫黑道。

跟**搶劫**有關，有修女跟黑道。

……這樣接續下去……

……細節很快就會從俗變為**一般刻板印象**的樣子。

有修女跟槍跟黑道什麼的。

搶劫　槍　壞　黑道

艾爾・卡彭（Al Capone）槍殺德蕾莎修女！

嗯，聽起來挺合理。

不是女巫　愛好和平　溫和　修女

換句話說，我們**彼此談話時**傾向強化刻板印象。

指揮海盜船的船長鬍子刮得乾乾淨淨。

傳下去……

PSSTPSST……

PSSTPSST……

PSSTPSST……

我就說嘛，**留鬍子的男人**全是**海盜**！

是人**都**知道！

我們很難避免這種**以類別為據的推理**，而這會帶來**十分險惡的社會影響**。

全體注意！有海盜！

其實這是**確認偏誤**！

舉例來說，有個經典研究顯示：即使是**虛假的分類**，也會發揮與**自我實現的預言**一樣的作用。

如果你**相信**它是真的，它**就會**成真。

研究者告訴老師：他們班上有個學生**「潛力十足」**……

……雖然這個說法**毫無事實根據**……

照心理測驗來看，小明能變得聰明得多。

潛力十足？其實是**平凡十足**。小明跟其他孩子沒什麼兩樣。

……但老師會給這些學生**更多關心和注意**……

……結果讓這些學生**進步得比其他學生更多**。

小明，我相信**你會出類拔萃**。

我拿了A耶！

我早就知道你很有潛力！

這項證據顯示：光是認為某個學生會進步，就**真的**能讓他們進步。

可惜的是，刻板印象的影響很少這麼**正面**。

心態是**強大武器**。

吼，我只拿C！

別難過，那是因為妳**沒潛力**。

203

對於**被以刻板印象看待的人**來說，負面刻板印象顯然會**造成很大傷害**……

……因為它們也會發揮**自我實現預言**的作用。

我的申請石沉大海……
抵押被拒絕……
大家對我的貢獻視若無睹……

……也許我只剩當海盜這條路。

搶土豪　喝酒　留鬍子　抓狂　海盜　我？　無教化可能　不可信任

如果我們不但**深信別人怎麼看待我們**，還讓這種想法改變自己的行為……

往往會讓自己原先的想法成真。

她**不喜歡**我，所以我最好離她遠點。

因為這傢伙**從不跟我講話**，所以**我不喜歡**他。

這會形成一個**回饋迴路**（feedback loop）……

那個墨西哥佬緊張兮兮的……
……他一定在打鬼主意，盯著他。

那個條子一直跟著我……
……搞得我好緊張。

……要是更多人捲進來，它會變得威力強大。

你們這些人**不尊重我們**！

204

最有害的自我實現預言之一是**刻板印象威脅**（stereotype threat）。

內容是說：在**負面刻板印象針對你**時……

誰都知道墨西哥佬**拼字超爛**。

……**你表現失常**……

來，請拼一下「racial injustice」。

嗯……

……因為它讓你**擔心多餘的事**……

「Ratial」？
「聽起來有「SH」的音」
「Racial」？
「Rashal」？
全世界都覺得你拼字超爛。

怎麼又扔東西給他接？

這會增加你的認知負擔……

……降低你**處理眼前工作的心理能量**。

……**也減損你的動機**。

如果大家都認為**我做不好**……

……也許我真的**做不好**。

這部分在**「動機」**那一章有談過。

還好，雖然這種效應**強化了世界上很多的不平等**，**它是能克服的**。

我小時候啊，女生的**足球和數學都很爛**……

……那是**過去式**了！

當然，我們的團體認同**並不都是壞的**。

我們這條船**就像一家人**。

喔～～～

我們呼朋引伴分享**共同興趣**……

橡實隊加油！

……**目標**……

自己的酒自己釀！

……**宗教情懷**……

我們一起上天堂！

……以及其他**社會支援網路**。

請大家一起為灰鬍子的鸚鵡**默哀**。

遺憾的是，不論讓我們聚在一起的原因是什麼，我們都**強烈**傾向**偏袒**自己團體裡的人……

……並**貶低**其他人。

US　THEM

心理學家有對此做過實驗，**先將受試者隨機分組**……

正面的人戴帽子，背面的人不戴帽子。

……然後，給他們一個**有些微競爭關係的任務**……

哪一組把我辦公室打掃最好，就那一組贏。

……觀察發現：他們馬上開始從**偏袒自己組員**的角度**詮釋**任務。

不戴帽組的凱文打掃範圍較大……

……可是我們戴帽組的路克打掃範圍較髒，所以**他應該得更多分**。

懶惰　蕾潔　凱文　他們　不戴帽組　狡猾　摸魚

工作量大　路克　喬斯　我們　腳踏實地　戴帽組　好人

此外，雖然是隨機分組，他們還是**更能注意到自己組員的個別差異**……

……也更可能以為**另一組人都差不多**。

戴帽組路克愛吃漢堡。
戴帽組安妮塔愛吃披薩。

那些不戴帽組的只會吃**墨西哥捲餅**。

當然，這些現象都讓我們更容易**相信負面刻板印象**。

如果我們把他們**全當複製人**……

……就省得分哪個是哪個了。

團體心態也會在其他方面扭曲我們的行為。

我變成海盜以前**絕不會**要你做這種事。

身為團體中的一員,我們往往會做出能**提高團體情誼**的選擇⋯⋯

莎莉,抱歉,我放學後**不能再跟妳扮家家酒了**。

我現在**每天都得團練**。**週末要上健身房**。

⋯⋯通常也會用**群體壓力**讓「我們」變得**更激進**⋯⋯

我們現在不做一般瑜伽了,改做**挑戰極限熱瑜伽**。

加不加入**隨妳便**。

⋯⋯或是**變得更自信**。

呃,我們是不是先看看**網友評價**比較好?

不要!我們已經**投票**要住那裡了。

團體決定就是最好的決定。

蟑螂屋

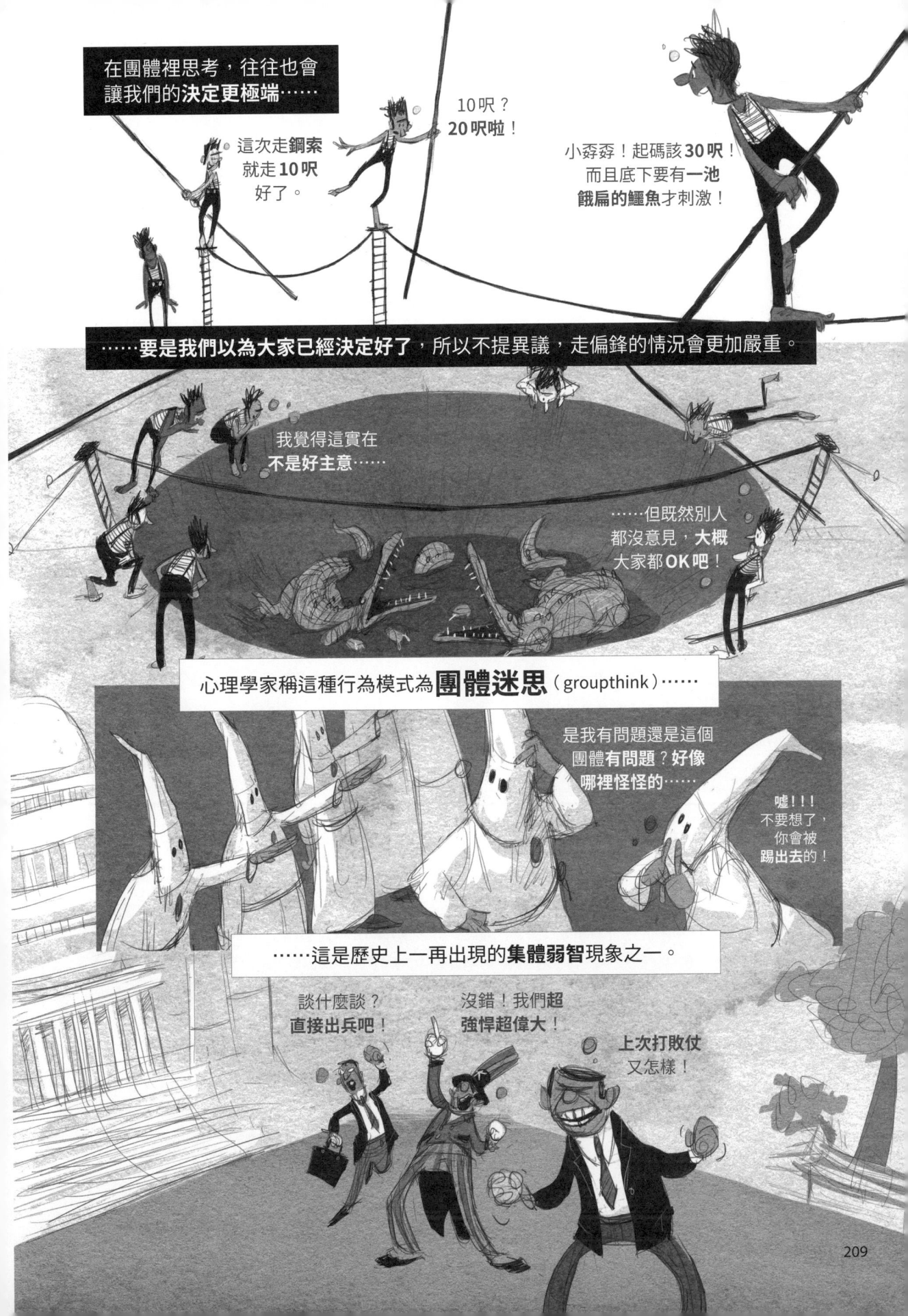

在團體裡思考，往往也會讓我們的**決定更極端**……

這次走**鋼索**就走**10呎**好了。

10呎？**20呎啦！**

小孬孬！起碼該**30呎**！而且底下要有一池**餓扁的鱷魚**才刺激！

……**要是我們以為大家已經決定好了**，所以不提異議，走偏鋒的情況會更加嚴重。

我覺得這實在**不是好主意**……

……但既然別人都沒意見，**大概大家都OK吧！**

心理學家稱這種行為模式為**團體迷思**（groupthink）……

是我有問題還是這個團體**有問題**？好像哪裡怪怪的……

噓！！！不要想了，你會被**踢出去的！**

……這是歷史上一再出現的**集體弱智**現象之一。

談什麼談？**直接出兵吧！**

沒錯！我們超**強悍超偉大！**

上次打敗仗又怎樣！

209

從某種程度上說，我們會**偏袒自己人、不信任外人**，是因為這種行為**有助於我們生存**。

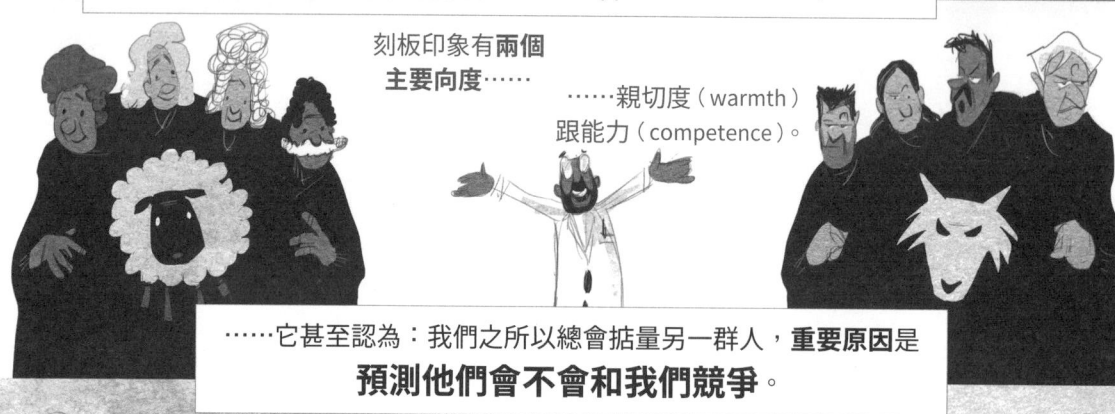

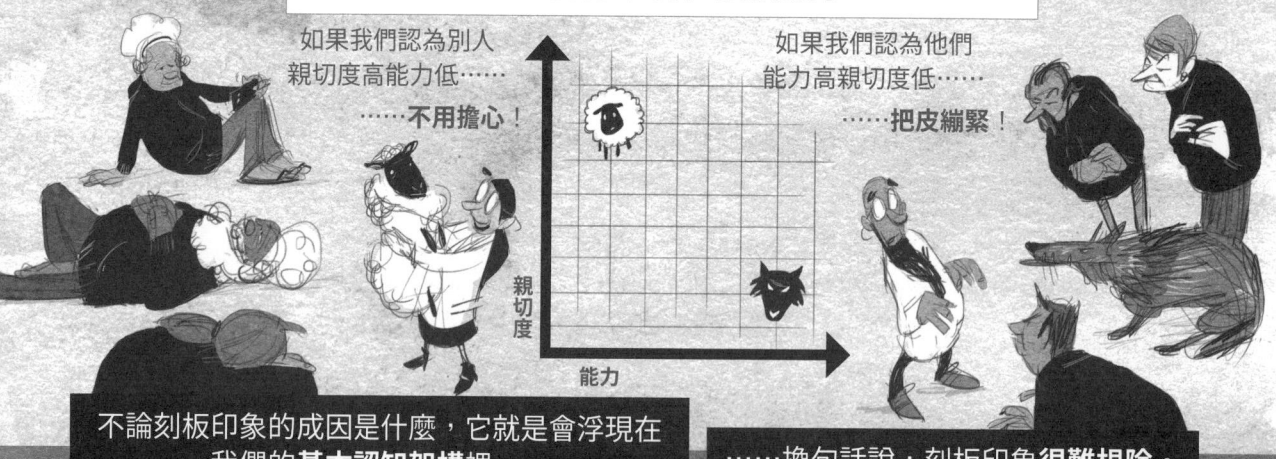

往前衝！**宰了他們！**

**點點族！
衝啊！**

**條紋族！
殺呀！**

把他們**生吞活剝！**

有個理論叫**刻板印象內容模型**（stereotype content model）……

刻板印象有**兩個主要向度**……

……親切度（warmth）跟能力（competence）。

……它甚至認為：我們之所以總會掂量另一群人，**重要原因是預測他們會不會和我們競爭。**

如果我們認為別人親切度高能力低……

……**不用擔心！**

如果我們認為他們能力高親切度低……

……**把皮繃緊！**

親切度

能力

不論刻板印象的成因是什麼，它就是會浮現在我們的**基本認知架構裡**……

……換句話說，刻板印象**很難根除**。

可憐　愚笨

溫暖

不會吃我

聰明

恐怖

會吃我

冷酷

減低負面刻板印象的技巧包括：
鼓勵人們**重新把彼此歸類**……

你是綿羊，一定很**優柔寡斷**。

錯，我是**外科醫師**，我果斷得很。

……或是**認識更高的類別**。

雖然我們有的是**狼**有的是**綿羊**，但我們都是**哺乳類**。

多注意別人的**個人特質**也能減低刻板印象……

小美看起來**溫和**，可是比賽從不**手下留情**。

……多了解他們的**處境**也可以……

狄米崔常遲到，但那是因為他還得**教瑜伽**。

……**認識不一樣的人**通常有幫助……

武雄，你居然會烤餅乾！？

這叫接觸假說（contact hypothesis）！

……但也可能會有**反效果**。

呃，我認識的**狼**全都凶狠狡猾。

不過，這些技巧都需要**付出努力**……

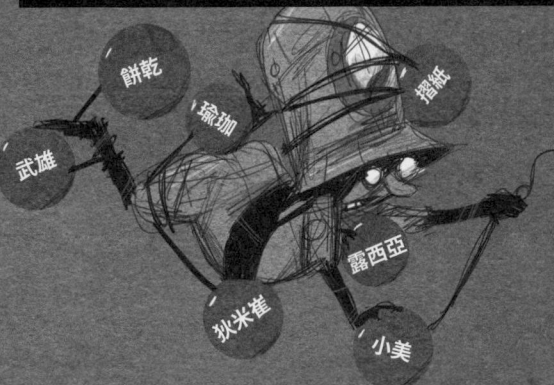

餅乾　瑜珈　摺紙
武雄　　　　　比賽
　狄米崔　露西亞
　　　小美

記住，我們心裡一次只能處理 7(±2) 個東西。

……所以我們多半懶得嘗試。

我們在這一章看到：**刻板印象**與**團體假設**（group assumption）是幫助我們**節省心理能量**的認知捷徑……

抱歉，珍妮，我**現在**就是沒有足夠的腦力**愛妳**……

……所以我**把妳當成食物。**

這是**認知經濟原則**在發揮作用！

……也就是說，在**資源稀少時**會更常用上它們。

這不是我的錯，**妳就是讓我覺得飢腸轆轆！**

我的**食物**、**政治力量**、**想像力**和**時間**都很有限。

所以，如果要**對抗種族主義**、**性別歧視**、**宗教暴力**，或是其他造成群體對立的社會問題……

綿羊要愛野狼……

……雞要愛狐狸……

……共和象要愛民主驢。

……**我們還有很多事得做。**

我們得**減少大家的認知份量！**

結論
當事情不太對勁⋯⋯

在這本書裡，我們分析了**非常多的經驗**，包括我們如何**形成記憶**……

……**發展感受**……

……**分享想法**……

你掉了這個！

我一靠近你就身體緊繃。

鴨子！

……**做錯事**……

……又做**更多錯事**……

……**諸如此類**。

便利性捷思法讓你觀念錯誤……

……**確認偏誤**讓你只看支持你想法的證據……

……**社會影響**又讓其他人也跟著這樣想。

不過，這還沒有涵蓋**全部**心理學。

記住，心理學處理的是人類經驗**全部**。

差得還**遠**得很呢！

我們只研究了**一小部分**而已。

漫畫人生導論

心理學還有很多**有趣的研究領域**……

比方說神經科學……

……人工智慧……

……愛……

……音樂……

……急性創傷……

……父母教養……

……兒童發展……

……催眠……

……睡眠與夢境……

……以及很多很多東西。

……畢竟人類心智**極其複雜**。

你真的**什麼東西都能**倒進去耶。

對啊，它有點**像海綿**。

我們其實才剛剛**開始**學習**心智如何運作**而已。

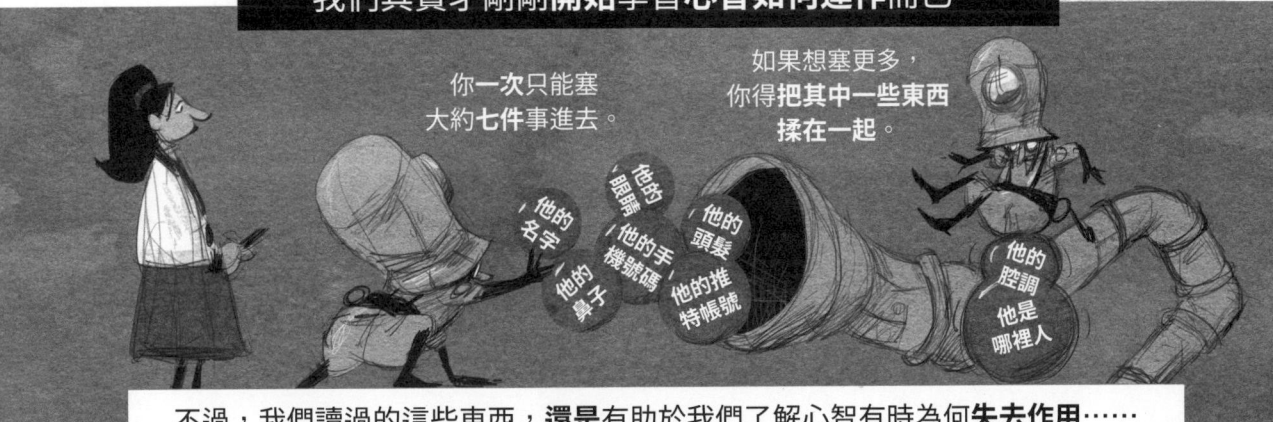

你一次只能塞大約**七件**事進去。

如果想塞更多，你得**把其中一些東西揉在一起**。

他的名字　他的眼睛　他的手機號碼　他的頭髮　他的鼻子　他的推特帳號　他的腔調　他是哪裡人

不過，我們讀過的這些東西，**還是**有助於我們了解心智有時為何**失去作用**……

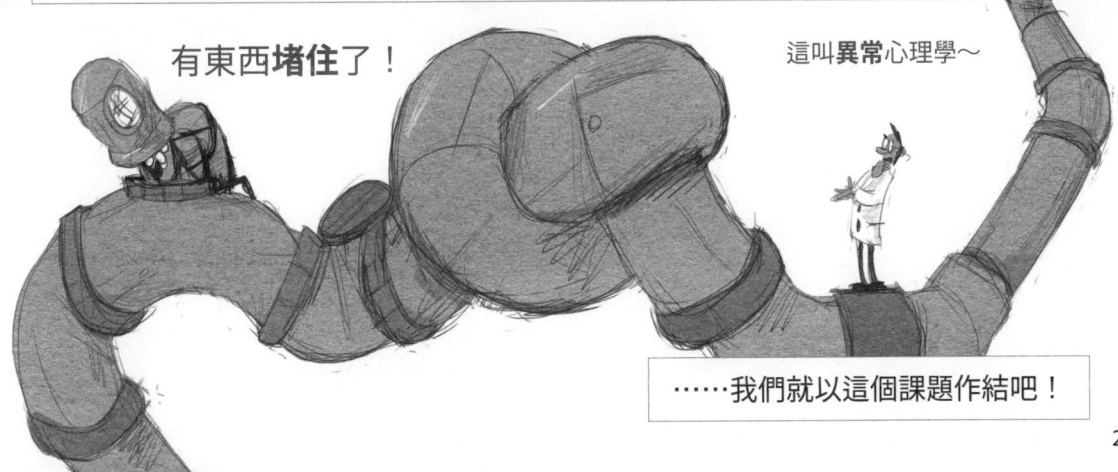

有東西**堵住**了！

這叫**異常心理學**～

……我們就以這個課題作結吧！

遺憾的是，很多人一想到心理學就想到**異常**。

你們看，那個人是神經病耶。

更糟的是，他們想到**異常**，往往也想到**瘋狂**……

……這百分之百是**負面刻板印象**。

- 心理學
- 異常
- 瘋狂
- 不可信賴
- 成癮
- 天性軟弱
- 會傳染
- 不平衡
- 白吃白喝
- 自我耽溺
- 魔鬼附身

他們為什麼**被關在裡面**？

這樣才不會**傳染給別人**啊！

綜觀歷史，**與心理疾病有關的污名長年造成嚴重傷害**……

……造成傷害的人，有時甚至以為自己在**幫忙**。

1700's

她兩腳**跛**了，耳朵**聾**了……

……還常喃喃自語**不知所云**。

燒死她！

1900's

幫她動前額葉切除術！

雖然這些污名持續**導致無謂的傷害**……

你**不正常**！

……現代的「異常」概念已經**人道**多了。

我們的**共同點**比**差異**更多喔！

因為我們現在了解：異常和正常是**相互交織**的。

於是，分析心理**問題**……

這孩子一停止有意識地**專注於某件事**，就什麼也不記得了……

倒過來說也是一樣，研究**心理系統**如何**正常發揮功能**……

……能讓我們更了解**正常心理功能**。

……所以，我們對意識思考或許**都有獨立記憶系統**……

……對非意識思考或許也有獨立記憶系統。

……能讓我們更了解它們**有時為何無法正常發揮作用**。

知道我們一次能想幾件事……

……有助於了解我們**有時何以失敗**。

217

舉例來說，我們越是了解**情緒系統**……

事件　　　生理激發　　　詮釋　　　情緒

……就越能看出情緒系統怎麼**讓人情緒失常**。

例如**憂鬱症**……　　……**躁症**……　　……**焦慮症**……　　……以及**憤怒疾患**……　　……這些情況不是**沒有情緒**，就是**情緒過多**。

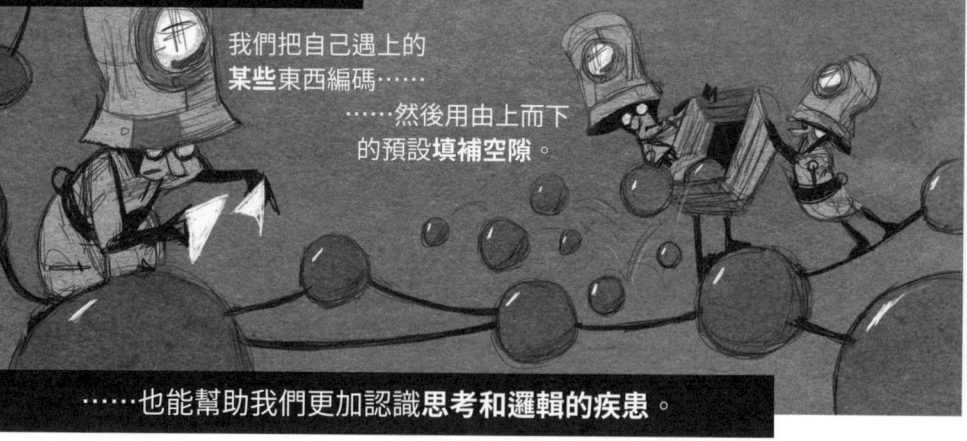

同樣地，越是了解**認知**……

我們把自己遇上的**某些東西編碼**……

……然後用由上而下的預設**填補空隙**。

……也能幫助我們更加認識**思考和邏輯的疾患**。

例如**失憶症**……　　……**失語症**……　　……**失認症**……　　……還有**幻覺**……　　……這些時候。由上而下的資訊不是**太多**就是**太少**。

當我們對**社會覺知**（social awareness）的認識更深一層……

我們的行為大多是由**社會關係**形塑的。

……我們對各式各樣的**社交盲點**也了解更深。

例如**自閉症**……

……**自戀型人格疾患**……

……**反應性依附疾患**……

以及**反社會**……

……社會連結不是**太弱**就是**太強**。

這些例子在在說明：這些情況都不是**簡單單純**的。

船長！系統同時**全部當機**！

BWAAH! BWAAH!

呃……艦長？

事實上，我們的**心理網路**可能遇上千奇百怪的事……

他被閃電擊中之後，鋼琴水準大為長進。

……因此，正常與異常的界線經常是**模糊不清**的。

異常心理學的案例**分佈有如光譜**。

我們都**怕松鼠**。

這是松鼠恐懼症吶！

有的很**極端**……

啊啊啊！！！

……有的**一般般**……

靠，今天有夠衰！

……有的很**輕微**。

我還是**走另一邊**好了。

雖然**特殊案例**令人驚訝……

我老公以為我是帽架！

這是**失認症**！

……但往光譜上程度較輕的案例看下去，還是會走到**稱為「正常」**那一區。

我老公對待我的態度像對待帽架！

這就是**婚姻**啊！

這些例子顯示：**異常心理學**……

……和**標準心理學**的差異……

我腦袋裡的聲音**告訴我要做什麼。**

這是**思覺失調症**！

我總在心裡**與自己對話。**

這完全正常。

……多半只是**程度之別**。

路克，使用**原力**吧！

簡直**瘋了**…… ……但現在這種情況，原力恐怕是我**最好的選擇**。

這應該有助於我們同理**心理疾病**之苦。

每次松鼠靠近到可以跳上我的臉，我都會很**害怕**。

是喔？我**一向如此**。

所以，雖然心理學裡有很多我們**仍不了解**的事……

羅密歐啊羅密歐，你為什麼是**羅密歐**？

呃，我可能得**寫本書**才能解釋清楚。

……從心理**運作正常**的原因……

什麼是**意識**？

給予生命**意義**的是什麼？

我這一組怎麼**老是出包**？

……到心理什麼時候會**出問題**，

精神藥物的作用機制是什麼？

失智症患者的記憶出了什麼問題？

為什麼有些人**嘗得出聲音**？

但我們已有**堅實的基礎**。

重複！

分析！

假設！

調查！

SCIENCE

我們正開始掌握這些知識，
漸漸釐清人類為何如此**善於**感知……

……**了解**……

……**以及同理**……

我看到你了！

我了解你！

我和你
感同身受。

即使我們身處**瘋狂**的世界。

我們TMD在
這鬼地方幹麼？

不過，還有很多**人類心智的祕密**……

這個是怎樣？

……等待我們發掘。

GRAFIC 1
漫畫心理學
心智如何探索複雜環境，又怎麼愚弄我們？ 暢銷新裝版
Psychology: The Comic Book Introduction

作　　　者	丹尼．歐本海默（Danny Oppenheimer, Ph.D.）、格萊迪．克萊恩（Grady Klein）
譯　　　者	朱怡康
封面設計	郭彥宏
內文排版	黃暐鵬、葉若蒂
責任編輯	賴譽夫、何韋毅
副總編輯	何韋毅
總 編 輯	林慧雯

出　　　版	行路／遠足文化事業股份有限公司
發　　　行	遠足文化事業股份有限公司（讀書共和國出版集團）
	地址：231新北市新店區民權路108之2號9樓
	郵政劃撥帳號：19504465 遠足文化事業股份有限公司
	電話：（02）2218-1417；客服專線：0800-221-029
	客服信箱：service@bookrep.com.tw

法律顧問	華洋法律事務所　蘇文生律師
印　　　製	呈靖彩藝
出版日期	2025年7月／二版一刷
定　　　價	450元
ＩＳＢＮ	978-626-7244-97-5（紙本）
	978-626-7244-98-2（EPUB）
	978-626-7244-99-9（PDF）
書　　　號	3OGR0001

著作權所有・侵害必究
特別聲明：有關本書中的言論內容，不代表本公司／出版集團之立場與意見，文責由作者自行承擔。

國家圖書館預行編目資料

漫畫心理學：心智如何探索複雜環境，又怎麼愚弄我們？／丹尼．歐本海默（Danny Oppenheimer, Ph.D.）、格萊迪．克萊恩（Grady Klein）著；朱怡康譯.--二版.--新北市：行路，遠足文化事業股份有限公司，2025.07
232面；19×25.5公分
譯自：Psychology: The Comic Book Introduction
ISBN：978-626-7244-97-5（平裝）
1.CST：心理學　2.CST：漫畫
170　　　　　　　　　　　　　　114006892

PSYCHOLOGY : THE COMIC BOOK INTRODUCTION
by Grady Klein & Danny Oppenheimer, Ph.D.
Copyright © 2018 by Grady Klein and Danny Oppenheimer, Ph.D.
Complex Chinese Edition © 2025 by
Walk Publishing, a division of Book Republic Publishing Group
All right reserved.